TED

江义梅◎编著

演讲的秘诀

中国纺织出版社有限公司

内 容 提 要

TED演讲为什么如此激动人心？为什么风靡全球？它的视频点击率为何如此之高？我们又该如何掌握TED演讲中那些振奋人心的技巧？

本书以分析TED演讲的技巧为主线，并对演讲中的故事、开场白、结尾，以及演讲者的语言、肢体动作、道具等各方面进行划分和解读，并结合现实的演讲案例进行分析，帮助我们掌握TED演讲精髓，希望对广大读者有所帮助。

图书在版编目（CIP）数据

TED演讲的秘诀/江义梅编著.--北京：中国纺织出版社有限公司，2021.4（2021.8重印）
ISBN 978-7-5180-8071-7

Ⅰ.①T… Ⅱ.①江… Ⅲ.①演讲学 Ⅳ.①H019

中国版本图书馆CIP数据核字（2020）第209582号

责任编辑：张　宏　　责任校对：高　涵　　责任印制：储志伟

中国纺织出版社有限公司出版发行
地址：北京市朝阳区百子湾东里A407号楼　邮政编码：100124
销售电话：010—67004422　传真：010—87155801
http://www.c-textilep.com
中国纺织出版社天猫旗舰店
官方微博http://weibo.com/2119887771
三河市宏盛印务有限公司印刷　各地新华书店经销
2021年4月第1版　2021年8月第2次印刷
开本：880×1230　1/32　印张：9
字数：108千字　定价：39.80元

前　言

在演讲界，对于TED这一名词，大概无人不晓，TED是美国的一家私有非营利机构，TED是Technology，Entertainment，Design（科技、娱乐、设计）的缩写，这个机构的宗旨是"用思想的力量来改变世界"。

1984年，第一次TED国际会议召开，发起人是里查德·沃曼和哈里·马克思，从1990年开始，美国加州蒙特利每年会举办一次，而如今，在其他城市，也会每年举办一次，主要是各界思想领袖、出色人才、精英人士们分享自己热衷从事的事业。

但凡有机会来到TED大会现场作演讲的人均有非同寻常的经历，他们要么是某一领域的佼佼者，要么是某一新兴领域的开创人，要么是做出了某些足以给社会带来改观的创举。

事实上，这场盛会涉及的领域还在不断扩展，为我们分享各个领域内的各种见解。参加者们称它为"超级大脑SPA"和"四日游未来"。大会观众有企业的CEO、科学家、创造者、慈善家等等，他们几乎和演讲嘉宾一样优秀。比如苹果公司创始人乔布斯、美国时装模特卡梅伦·鲁塞尔、美国前国务卿鲍威尔、人类基因组研究领域的领军人物Craig Venter……

那么，TED演讲为什么这么受欢迎？为什么不超过18分钟

的演讲，平均点击率却超过百万次，最高的甚至超过2500万次？因为它有极具影响力的内容，幽默风趣的表达方式，巧妙的结构设计，这些都令全球的听众如痴如醉。那么，现在，你是否想了解但又无法亲临TED现场，也没有空闲时间研究它的视频呢？

这就是我们编写此书的初衷，本书以"演讲"为主线，将TED演讲技巧进行分类，穿插到演讲中的开场、中间和结尾部分，并从演讲中的肢体语言，表达方法等各个方面进行分析，重在阐述18分钟高效表达的秘诀。TED演讲的特点是毫无繁杂冗长的专业讲座，观点响亮，开门见山，种类繁多，看法新颖。

也许你是一个演讲爱好者，也许你根本没听过TED这一名字，也许你是一个正在苦恼如何作好演讲的新手，但无关紧要，你都可以拿起这本书，它能带你了解TED演讲，更能令你从中学习到一些实用的演讲技巧及演讲经验，这样，无论商务演讲、会议、学校、婚礼以及其他特定场合，你都可以运用这些演讲知识传递自己的想法，受到人们的欢迎。

江义梅

2020年10月

目 录

第 1 章
说出你的故事，为什么 TED 演讲如此受欢迎

　　如今，TED 演讲在世界各国早已盛行，"TED"由"科技"、"娱乐"以及"设计"三个英文单词首字母组成。TED演讲的核心在于分享，分享故事。要知道，当今世界，知识才是一切竞争力的核心，分享知识和信息，能让我们迅速成长，而这也就是TED演讲如此受欢迎的原因，接下来，在本章中，我们来走进"TED"演讲。

什么是TED演讲

在演讲领域，相信很多人都听过TED演讲这一名词，那么，什么是TED演讲呢？

"TED"由"科技"、"娱乐"以及"设计"三个英文单词首字母组成，这三个广泛的领域共同塑造着我们的未来。

"TED"于1984年由理查德·温曼和哈里·马克思共同创办，从1990年开始每年在美国加州的蒙特利举办一次，而如今，在世界的其他城市也会每半年举办一次。它邀请世界上的思想领袖与实干家来分享他们最热衷从事的事业。

无论是大会的观众，还是嘉宾，都是行业内最出色的，他们要么是科学家、行业创始人，要么就是慈善家、音乐家、歌唱家等，担任过其演讲嘉宾的就曾有比尔·盖茨、比尔·克林顿、英国动物学家珍妮·古道尔、美国建筑大师弗兰克·盖里、歌手保罗·西蒙、维珍品牌创始人理查德·布兰森爵士、国际设计大师菲利普·斯达克以及U2乐队主唱Bono。

从2006年起，TED演讲的视频第一次被上传到网上。截至2010年6月，TED官方网站上收录的TED演讲视频总数已经超过700，这些TED演讲的视频的阅览量已经超过了5000万。所有的

TED演讲的视频都是以知识共享的方式予以授权的。TED演讲的主题并不仅仅局限于技术、娱乐和设计。事实上，科学、教育、发展、文化、商业、艺术等等话题也经常出现。演讲中也会穿插一些艺术家的表演。

TED的理念是分享，通过这样一种思想交流大会，让人们认识到优秀的思想可以改变人们对这个世界的看法，使人们反思自己的行为。TED是一个社区，TED大会只是TED社区的一部分。

任何人，只要你认同TED大会的思想，你就是社区中的一员，都可以称为某一项理想的合伙人。曾经，有人说，最为重要的是你的知识，它比黄金还珍贵，这也是你唯一的价值，不过，现如今，全球形成了一个整体，规则改变了，每个人都互相关联，一切都会快速发展。知识传播更是如此，当知识传播出去后，会以最快速度到达全球各地，得到反馈，得以传播，而它的潜在价值是无形的。

2001年，媒体大亨克里斯·安德森买下了TED，他自称"TED的守护人"，这一机构从此成为非营利性机构，每年，TED大会会被做成视频放在互联网上，供全球观众免费分享。

在谈到购买TED这一事上，安德森解释道："我是学哲学的，我喜欢按照自己的想法生活，在这之前，我就隐约地觉得，一些好的想法和创意如果能在全球范围内传播，是一件很

有趣且很好的事情，我当时有一点钱，很想做出一些贡献。我发现，TED是很好的工具。"

　　每年，申请参加TED大会的都有上千万人，但是最终接受大会邀请的只有一千人，因为他们必须有与众不同的创造力、思维，有改造世界的热情，并且，还要付得起7500美元一张的门票。参会的诺贝尔获奖者、类似比尔·盖茨之类的大腕，往往和魔术师、杂技演员混在一起。

　　TED被安德森售卖后，演讲的领域也从原先的技术、娱乐、设计三个领域扩展到了各行各业，前来参加演讲的人也遍布各行各业，有科学家、哲学家、艺术家、探险家、心理学家、语言学家、宗教领袖、慈善家等人，目前，TED已经成为超越会议性质的世界品牌。

　　1984年的第一次TED大会令很多人终身难忘，在会上，人们第一次看到了后来风靡全球的CD光盘，第一台苹果电脑也被带到了讲台上。今天，新版的MacbookAir让全世界无数的粉丝为之疯狂。

　　在改变世界的同时，TED自身也在26年后(至2010)由与会成员不过千人的"晚宴"，成长为每天50万人观看其视频的社区。自1990年起，参会的精英们每年三月相聚于美国加州长滩，享受这一场"超级大脑SPA"。

　　但凡有机会来到TED大会现场作演讲的人，均有非同寻常的经历，他们要么是某一领域的佼佼者，要么是某一新兴领域的开创人，要么是做出了某些足以给社会带来改观的创举。比如人类基因组研究领域的领军人物Craig Venter，"给每位孩子一百美元笔记本电脑"项目的创建人Nicholas Negroponte，只身滑到北极的第一人Ben Saunders，当代杰出的语言学家Steven Pinker……至于像Al Gore那样的明星就更是TED大会之常客了。

有TED，就有TED大奖，这是TED大会最激动人心的一部分，它于2005年开始设立，每一年有三个获奖人的名额。每一位TED大奖的得奖者除了得到十万美金的奖励以外，还有机会在 TED会议上公开阐述其TED愿望，而TED的组织者将竭尽全力帮助他们实现这样的愿望。

另外，我们看看TED在中国的发展。

TED to China项目是一个非营利的公益协作项目，由Tony Yet和Oliver Ding两位TED粉丝联合创立。该项目的使命是传播TED资讯，实践TED精神，推动TED中文社区的发展。2011年10月21日，TED to China团队宣布任命王治钧(Lawrence Wang)为TED to China项目的Executive Director.

TED to China是一个网站，但不是TED下属网站。

2006年，Tony开始知道有podcast这种东西。同年夏季，他在iTunes的podcast频道上发现了TED。于是下载观看，感觉

甚为震撼！尤其记得当时看David Pogue钢琴伴奏的MS之歌更是爽。

2007年，Tony发现原来TED的世界竟然如此之大，从物理、生物、人文、地理、历史、时尚、设计、娱乐到技术，几乎无所不包。这一年从TED那里学到的不亚于从书本上学到的。

2008年，Tony开始写博客，开始做TED的翻译，开始关注互联网社区，开始了TED to China。

2009年，开始欢迎志愿者加入；组织第一次TEDx；报道TED大会；TEDIndia；TED to China周年纪念；TED to China上海团队。

2010年，开始有媒体关注；TEDx遍地开花；专栏上线；TED to China城市沙龙；获Ars Electronica数字社区荣誉奖；TED to China两周年重新思考TED to China的未来。

讲故事是增强说服力的第一要素

前面，我们分析了TED演讲的定义以及其发展历史，TED的宗旨是"用思想的力量来改变世界"。TED演讲的特点是毫无繁杂冗长的专业讲座，观点响亮，开门见山，种类繁多，看法新颖。在TED演讲中，有个重要的特色是用故事带动演讲，这样避免了普通演讲的冗长且无趣。

　　TED演讲的重要特点是：用故事推倒一面墙，言下之意是讲故事是增强说服力的第一要素。其实无论是专业演说还是日常的工作中，我们都需要说服他人接纳我们的观点。比如，你是一名企业领导，你所领导的这个团体或群体，可以是几人或几十人，可以是几十或上百人，也可以是几百或几千人。作为领导者，你每天都需要管理这个群体或团队，或是下达工作任务、做工作总结或是提出工作意见等，以此实现领导的目标。而这一切管理工作的开展和落实，都始终离不开你的说服能力。

　　美国前总统尼克松曾经说过："凡是我所认识的重要领袖人物，几乎全都掌握一种正在失传的艺术，就是特别擅长与人作面对面的交谈。我认为这个共同点并非偶然。领导即说服。一位领导人如果不能在交谈时吸引人、打动人，那么，他大概也说服不了人，因此也未必能成为领导人……"其实不只是企业中的工作开展，任何情况下的演说，关键都在于说服听众接纳自己的观点，并采取措施，而正是因为无法说服听众，才导致了听众的积极性不高，进而影响整个演说。

　　有人讲了这样一段话："同志们，在改革的过程中，我们一定要旗帜鲜明地肯定那些应该肯定的事物，坚决否定那些应该否定的事物。我们不能只知道肯定应该肯定的事物，而不知

道否定那些应该否定的事物；也不能只知道否定那些应该否定的事物，而不知道肯定那些应该肯定的事物，更不能够肯定了应该否定的事物，而否定了应该肯定的事物。我的话讲完了。"

这个讲话，等于没讲。

有的领导在说话的时候，就是不会说实话，只会教条式地把一些话搬出来，显得空洞无味。领导没有必要把一些华丽而无实际意义的语言用到自己的说话中，毕竟说话并不是写优美的文章，重要的是要让听众明白你的意思，所以尽量多说实在话，少说一些冠冕堂皇的话。

那么，如何才能避免这一点呢？其实，我们在表达的时候，如果能用简单的故事来表达自己的想法的话，那么，就会让人清楚地明白我们所想要表达的意思。

其实，讲故事是社会传递共有的价值观和理想的最古老的一种方式。好故事能够触动人的内心，并且吸引人们，教育人们。它激励人们向故事中描述的行为学习，指导行为之后的结果，其宣传、教育效果远高于长篇大论的说教和贴在墙上的标语口号。因此，会讲故事、讲好故事，已经成为成功的演说者的重要能力之一。

诺曼·文森·皮尔牧师曾经就是通过电视机和收音机来讲道的，并且，他被无数的人接受了。他也曾说，他在演说中最爱举例，以实例来支持自己的论点，一次，在被《演讲季刊》

采访时，他说："我知道的最好的方法之一就是讲那些真实的例子，这样能让你的观点鲜明而清晰，也更有说服力，一般来说，为了证明一个论点，我会同时使用好几个例证。"

对此，我们不妨再来看看下面这个故事：

二战刚开始的时候，美国情报部门得知当时的德国已经在进行原子弹的研发工作，科学家们在知道这一点后，给罗斯福写了一封信，并希望借由科学家爱因斯坦转交给罗斯福，希望罗斯福总统也能同意和德国一样研发原子弹。

不过，对此，罗斯福断然拒绝了，此时，科学家萨克斯为罗斯福总统讲了这样一段历史：

英法战争期间，在欧洲大陆上，拿破仑是令人闻风丧胆的人物，他不可一世，不过却总在海上失败，当时美国发明家富尔顿劝他撤去船上的风帆，在船上装上蒸汽机，把船上的木甲板换成钢板，这样，军队战斗力能大大提升，不过，拿破仑太固执了，他根本听不进去意见，船没风帆不能航行，木板换成钢板会下沉，所以驳回了富尔顿的提议，其实，当时如果拿破仑能不那么刚愎自用，能接纳富尔顿的建议，可能18世纪的历史就得改写了。

听了萨克斯的话，罗斯福若有所思，终于同意了科学家们的建议。

在这个故事中，萨克斯是如何说服罗斯福总统的？在总统

拒绝的情况下，他列举了历史人物拿破仑的失败教训，借此让总统认识到研制新式武器的重要性，进而让总统同意自己的建议。

的确，我们不得不说，只要是在公共场合讲话，故事的作用就不可小觑，你要想让听众接纳你的观点，就不可长篇大论地叙述观点，一个故事完全就可以将你想要表达的观点鲜活地传达给受众，无论你是一个群体或团体活动的筹划者、指挥者或管理者，无论是下决策、安排工作、部署任务，还是教育下属、管理下属，都离不开口才，而任何一个善于演讲和口才好的人，都善于讲故事，尤其是说服他人的过程中，他们绝不会大放厥词，叙述空洞的大道理，而是善于将好的故事运用其中。因此，我们任何人，在切实提升自己口才的同时，都要学会讲故事的本领。

分享让我们互补互利

萧伯纳有句名言："我有一个苹果，你有一个苹果，交换一下每人还是一个苹果；我有一个思想，你有一个思想，交换一下每人至少有两个思想。"这就是分享的快乐。分享，是指将自己喜爱的物品，美好的情感体验及劳动成果与他人共享的过程。"分享"意味着宽容的心；意味着协同能力、交往技巧与合作精神，这些都是任何一个现代人必须具备的重要素质。人生在世，我们每个人都需要和别人分享。分享快乐，分享痛苦，这样对自己有好处的同时，对别人也有好处，就是现在说的"双赢"。

的确，当今社会已是信息社会，互联网行业的发展，让世界每个角落的人都能了解到最及时的消息。人们渴望了解世界，分享消息。如果谁能满足人们这一需求，谁就能获得成功，获得财富。

前面，我们所说的TED演讲，其核心也就是故事的分享，来自全世界各个领域的顶尖人才，对其技能、创业故事或者思想进行分享，这一分享的过程也是互补和学习的过程，事实上，知识分享和学习已经成为当今社会的一大流行趋势。

同样，我们可以将TED演讲过程中的分享运用到各行各业中，过程中的分享，更是一种懂得放弃的明智之举。如果你想要把手头的蛋糕做大，首先就要学会分享这块蛋糕。我们来看看下面的致富故事：

陈士骏是美籍华裔，祖籍中国台湾，8岁时随父母移民到了美国，后毕业于伊利诺伊数学科学学校，但却在学校计算机工程专业读到四年级后选择退学。

他是网上结算公司Paypal的早期成员。

2005年5月他与同事查德·赫利一同创办YouTube，这是世界最大的视频网站。

2006年，陈士骏入选美国经济杂志《商业2.0》公布的"全球最值得关注50人"，并于同年11月以16.5亿美元将YouTube出售给谷歌。据悉，他当时得到了价值2900亿韩元的70万股谷歌股票。陈士骏和查德·赫利两人创办了新的网络企业AVOS，并于去年4月从雅虎手中收购了网络书签服务企业Delicious。

然而，令人们感叹的是，身价亿万的华裔小伙陈士骏之所以获得如此大的商机，完全是来源于一次偶然的机会。如果你对YouTube这家世界最知名的视频网站有所了解的话，也许你熟知它的创业故事：

2005年，陈士骏从eBay出来后，他一直想做点什么，一个偶然的机会，他得到了刚刚创建的Facebook面试offer，不过这次面试并没有让他有什么想法。

当时的陈士骏满脑子都是关于创业的idea，而正好他在Paypal多年的同事查德一家从西雅图搬回硅谷，查德给他打电话，"嘿，不想做点事吗？"就这样，一个工程师和一个设计师，一拍即合。

不过，他们万万没想到，一个简单的想法，很快就成功了，2006年，当Google收购YouTube时，价码竟然达到了16.5亿美元。

就这样，在IT界，YouTube和陈士骏很快成为大家熟悉的名字，而陈士骏也成为IT新贵，漫天的报道席卷而来，比这更重要的是，YouTube团队终于摆脱了连番苦战，再也不用为带宽和服务器担心，借助自身的大事件一跃成为新的主流媒体平台，进入了一条意义深远的快速发展通道。

一夜间，陈士骏有了亿万身家。其实美国杂志"Business 2.0"在2006年6月公布的全球前五十大最具影响力商界人士排行榜中，除了阿里巴巴网站创办人马云排名第十五以外，来自台湾的陈士骏也已经名列第二十八位。就像硅谷的其他创业传奇一样，据说YouTube最初的创意和原型也是在车库里做出来的。继杨致远、丁磊、张朝阳、陈天桥、朱骏等一干人之后，陈士骏成为又一位华人中的互联网风云人物，而他的财富来得更快，他的年纪也更轻。

后来，陈士骏却卖掉YouTube，对于这一抉择，他有自己的看法：

当年YouTube属于创业期，工作非常辛苦，每天十七八个小时的工作，而且员工没有休假，这样的情况下，最好的方式就是选择依靠一个更大的公司来做后盾和支持，否则员工很难坚持下去，当时，公司也在做国际化扩张，并寻求在移动设备上有所突破，这更需要一个大公司的支持，YouTube目前每月的全球独立观众已达8亿。分析师估计，YouTube每年为谷歌

贡献超过 10 亿美元的广告收入，而且很有可能已经盈利。

陈士骏，这是一个会在今后的一段时间非常吸引人眼球的名字。

陈士骏的创业故事和经营思维，告诉我们一个道理：要成功，就不能死守自己的手头资源，懂得放弃，与人分享，才是一种明智的选择，才会有更大的创业平台。

陈士骏告诉我们，创业是一种勇敢的选择，即使你可以在世界一流的公司找到非常好的职位，过着非常舒适的生活，但只有放弃这样的生活，你才能有所突破。而其中就包括分享。

人生在世，我们每个人都需要和别人分享。分享快乐，分享痛苦，这样对自己有好处的同时，对别人也有好处，就是现在说的"双赢"。

总的来说，当今世界，无论什么行业，在封闭的状况下都不可能获得大的发展，开放自己的心态，学会与人分享，就能打开自己的思路，发现商机。

人们记不住数据，但记得住故事

前面，我们已经提及故事在演讲中的作用，实际上，会讲故事，是每一个TED演讲者的必备能力，古往今来的领导者都曾使用个人故事、寓言和轶事来帮助听众有效地吸取和整合信息、知识、价值与策略。丹麦作家爱莎克·迪内森说："一个人就是一段故事。"同样，现代社会，要具备出色的演说能力，就要懂得运用故事的力量，这是因为：故事更容易被人们记住并分享。实际上，存储于人们大脑的记忆多半存在的形式是故事，有故事，就有情节，也就有开始、过程和结局，作为听者，哪怕他们不记得你的数据，但是依然会记住你的故事，以及故事所传达出来的思想。如果你的故事是真实而吸引人的，他们会非常乐于与他人分享。很多源自个人经历的故事，甚至有可能获得自身的生命力，然后在你的企业或社交网络上广泛传播。

　　故事会引发所有的感觉、记忆和情感。现在我们来做个小实验：假如你是听者，你需要严格按照我的指示来行动：我现在禁止你想象一头紫色的大象。重复一遍：现在不要想象一只紫色的大象。然后，不要想象这头紫色的大象穿着溜冰鞋，以100公里的时速从山路上滑下，它的脖子上系着一条在微风中飘动的鲜红围巾。不要想象它在滑行过程中脸上挂着喜悦而自由的微笑。

　　最后结果呢？事实上，一旦你读了上述句子，我立刻引起了你的想象，你已经在想象中成功建立了这样一头紫色大象的形象。同时，你又利用自己的记忆，产生了高速、兴奋、鲜红

和紫色等联想。引人入胜，令人无法抗拒的故事会一下子抓住你的心。我讲了一个故事，但你在自己的想象中将它建立了起来，并牢记在心。当你饶有兴致地构想这些形象时，你甚至有可能露出会心的微笑。

故事能让听者在无需引导的情况下自己得出结论。假设你有一个基于个人真实经历的故事，在这个故事中，你或另外某个人经历了一项非常艰巨的挑战，经历了很多挫败和阻碍，由于选择不当而犯了很多难堪的错误，但最终克服了所有困难，获得了杰出的成绩。对于听众来说，聆听这个故事也是一个间接的学习过程。他们会对这个故事给予很大的关注，首先会判明情况，感受到这些失败决策所带来的痛苦，以及结果的不确定性所带来的压力，关注这个人如何克服了失误，感受到他们最终成功的喜悦。由于你采取了故事的模式，听者会自动吸收关键的经验，并且轻松地记住它们。

故事能建立信任。你可以避免纯粹的说教或耳提面命。因为人们不喜欢你命令他们做什么。但是他们却喜欢你用故事来告诉他们怎样做是有效的，并且乐于把学到的经验用于未来的情境中。实际中，通过讲述你个人的失败故事，你还会得到人们更多的信任。当你把犯错和失败的例子讲给他人时，你也就展示了自己人性化的一面，他们会自然而然地更喜欢和信任你。因此，故事可以让你从一个"任务"型领导者变成一个专注于构建基于信任的人际关系的领导者。

故事能帮人们想象并拥抱一个更光明的未来。美国前总统肯尼迪有一个传奇故事：

在美国进行首次登月任务期间，肯尼迪曾经去美国航空航天局访问。访问期间，他需要中途去一次洗手间，在洗手间，有一位清洁工人在拖地，肯尼迪向他报以微笑，并感谢他打扫得如此干净，不过，这名清洁工的话却让肯尼迪大为惊叹，他说："不，先生，我不是在拖地板，而是在帮助我们登月。"深受感动的肯尼迪将这个故事分享给了其它人，这个故事迅速火了起来。

这个故事中，NASA就是这样一个各个层级的人充分投身宏伟愿景的组织，不管他们每个人的日常工作是什么。

同样，如果你是企业管理者，你是否也希望你的员工也有类似的激情？你的员工是否因一个激动人心的愿景而兴奋？还是他们只是简单地在拖地板？

你的企业其实已经有很多故事。那么你如何将这些故事推到前台？你为什么要这样做？故事的存在需要有听众，他们抱着倾听的心态，而不是强势的心理。倾听意味着全神贯注、兴趣盎然。作为听众，这还意味着你要全身心融入故事，不用种种疑问去打断故事，放弃对讲述者和故事内容的评判。最终，听众想听到每个细节，而不是出彩的片断或拘谨的汇报。

为了引出故事，你可以说"给我讲讲某事"。这种方法适用于很多方面，如：和员工讨论问题、培训或激励员工。这样讲述出来的故事细节丰富，更有情境感。如果你开始就问"你怎样处理那件事？""后来发生什么了？"，效果会逊色很多。

总的来说，相对于冷冰冰和死气沉沉的数据来说，人们更喜欢有鲜活力的故事，我们在为员工、客户、股东等做演讲时，都可以通过讲故事来帮助你传达观点，并产生积极的演说效果。

商业竞争有时只需要一个故事

我们都知道，现代社会，各行各业竞争十分激烈，尤其是在商业领域，竞争意味着财富的角逐，意味着行业较量，面对竞争，无论是产品开发还是品牌建设，商务人士们都使出浑身解数，也有一些人为了赢得竞争的优势，不惜打压对手，或者使用一些不光彩的竞争手段，但从长远看，这种竞争方式下获得的利益都是暂时的，并不能在凶猛的商业大潮中站住脚跟。其实真正高明的决策者明白，在竞争中，营销是关键，如何营销？营销策略很多，然而，大概只有故事才能让一个品牌的概念变成一个脍炙人口的神话、一则人人传颂的寓言。有什么比讲一个精彩的故事更具吸引力，更加引人入胜呢？英文内容营销中流行一个词叫做story telling，直译成中文就是"讲故事"。内容营销的本质，就是把自己的故事用别人喜闻乐见的方式表达出来。

使用内容营销不仅可以告诉用户一个引人注目的品牌故事，而且让每一个人对你的公司和产品有更多的了解。通过使用有效的讲故事技巧，帮助用户对其产生更大的兴趣，也提供一个引人入胜的故事，激发受众的阅读兴趣，这将是帮助搭建品牌和客户之间桥梁的关键。

New Balance讲了一个李宗盛《致匠心》的故事，使其品牌格调又陡然升了一截；

褚橙讲了一个褚时健老当益壮的故事，就将其他千千万万的橙子落下不知几条街；

王石讲了一个登山的故事，为万科节省了三亿广告费，当然，好处还不止于此；

海尔只讲了一个砸冰箱的故事，从而让人们认识了海尔，相信了海尔产品的品质；

如果钻石本身算作一个品牌的话，它就在20世纪讲了一个最好的故事，"钻石恒久远,一颗永流传"，从此成为忠贞不渝的爱情见证。

那么，我们讲故事为什么在商业竞争中如此重要呢？

因为我们都爱听故事，其实不只我们，我们的大脑也很喜欢故事。当我们试着去理解一件事情时，大脑会开始自我挑战，不断寻找建立连接和刺激的方法。我们喜欢一切有情节的东西，当看到一出好戏，一篇好的新闻，我们会产生情绪上的反应，这是大脑接受资讯后开始产生的刺激，故事有时候对大脑的影响就好比"迷幻药"一般。

消费者喜欢听故事，是因为故事开辟了品牌与消费者新的沟通方式，双方不再是买卖关系，而更像讲述者与倾听者。所以，品牌喜欢讲故事，借由故事展开的内容营销，营销预算未增加，效果却事半功倍。

道格·斯蒂文森就是一位讲故事的大师，他曾经是一名演员，现在是专职的品牌故事教练，教授企业管理人员和营销人员怎样创造和讲述品牌故事。很多伟大的品牌、个性十足的品牌，都是讲述品牌故事的高手。一般来说，品牌的主要目的就是用情感和相关性将企业产品服务和消费者联系起来，为消费者创造一种迷人的、令人愉快和难以忘怀的消费体验。在企业的品牌发展战略中加入讲故事的原理，能够让品牌建设更加有效。

很多品牌都有一个不错的故事——它们的历史、它们正在做什么等——但是它们没有成功地在品牌与消费者沟通的各个接触点上，始终如一地将品牌故事传递给消费者。我们发现，那些成功的企业都有个共同点：品牌故事非常清晰、品牌特征非常鲜明、利用多重渠道来传播自己的品牌故事。

那么，到底该怎样用讲故事提升企业商业竞争力呢？

以下是几个方面：

传播企业文化可以运用故事

任何企业都要有企业文化，有企业文化才有向心力和凝聚力，而打造企业文化，是个整合价值观的复杂过程，是在长期管理中不断揉合得来的，不过，一个理念要通过实践使员工认知，且在工作中形成习惯，构筑成为文化，则实非易事。有头脑的企业家都是由自己亲自宣讲，介绍企业文化，而从不找他人代劳。事实上，也只有创业者本人才能说清楚企业文化的来龙去脉。

在一些企业中，一些领导或管理者强硬地向员工灌输企业的理念，让员工和下属自己去思考，而他们忽视的是，要让员工服从企业精神，需要的不只是理性思考，更需要情感的推动，真正能引起员工情感共鸣的理念才是有用的企业文化。

我们可以给出一个形象的比喻，在人的一生中，人的理性只不过是浮在海面上的冰山一角，在水面以下看不到的冰山主体，则是情感因素。企业家要想撼动整座冰山，首先就是要撼动员工内心深处的情感，而唯一能让你快速达到这一目的的方

法，就是讲故事。

2.需要用故事推动企业时不断变革

任何现代企业，不变革、不锐意创新，都终将被淘汰，然而，人的惰性是不喜欢变化的，因此，变革总是在上层或少数人手中，多数员工是被动的服从。此时，企业领导如果直接讲道理、号召大家变革工作方式、改变旧思想，往往难度很大，此时，如果是讲故事的方式，则更容易引起员工的共鸣，得到他们的理解和支持，让员工能在企业变革中贡献力量，成为变革的主力军。

在企业经营中，管理者通常追求先进的科技，却容易忽略员工的情感联系，这容易让管理很难执行下去。因此，我们在变革中要突出讲给员工带来的好处，而不只是谈给企业带来多大收益。

在选择故事的过程中，我们可采取三步骤：一是明确目标，你想让员工采取什么行动；二是草拟内容，你希望员工树立一个什么愿景；三是铺陈情节，重在满足员工的情感需求；从而使目标得以实现。

3.讲预谋的故事动员大家

从古到今，人们在战争与人际交往中，都少不了策略与规划。而一个成功的策略与规划本身往往就是一个很好的故事。如能把预谋的故事先讲给大家听，这就是一个很好的动员，3M

公司就很善于用此法诱导员工。

　　总之，在激烈的商业竞争中，企业都需要有自己的故事，故事能让消费者更容易记住我们，能让企业品牌与众不同，进而提升竞争力。

用故事把你的思想和情感植入听众的大脑

　　生活中的人们，可能有过这样的经验：有时候，直接表达自己的想法或意见，对方可能会拒绝接受。此时，就需要我们掌握婉转表达的方法。这种表达方法很多，其中就有讲故事。同样，演讲也是如此，这也是TED演讲的精髓，用故事来传达自己的观点，更易被听众接受。

　　我们先来看下面的故事：

　　曾经有名希望工程的发起者，到北京某贵族学校演讲。还没等他开讲，台下这帮养尊处优的孩子，便叽叽喳喳地响成一片，乱成一锅粥。

　　此时，他见情形不妙，便大声喊了几句，但这种方法似乎根本不见效，于是，他叫来一个在现场的老师，将电闸关掉，礼堂便突然漆黑一片，随之也安静了下来。

　　这时候，这位发起者啪地一声打开了幻灯机，银幕上顿时

出现了那张有名的"大眼睛"照片。这些孩子们顿时也睁大了眼睛，看着幻灯片上的照片。

"同学们，你们家里有没有照相机啊？"发起者此时突然提问道：

"有！"下面齐声回答：

"你们会不会照相？"

"会！"

这时，发起者便指着下面的一位同学问："请你说说看，照相有什么样的意义？"

"留着做个纪念呀。"

"好！作为留念——那就请大家看看，老师给这些山里孩子们拍的留念照片吧！"

然后，他每放映一张照片，就介绍一个有关失学儿童的故事。

在这里，这位演讲者，就是利用讲述照片背后的故事，既抓住了同学们的注意力，又营造出一种与演讲内容相适应的肃然气氛，使同学们很快进入"规定情景"之中，激发了他们对贫困学生的关注和同情心。

其实，我们参与演说的目的就是让所陈述的观点深入人心，引发共鸣，以达到感染的作用。相对于生硬晦涩且无趣的大道理而言，故事更能抓住听众的注意，也更能将听众带入到演讲中，进而让听众接纳我们的观点。

那么，在演讲中，我们可以说哪些故事呢？

1.用令人震惊的事实开头

它可以使对方从一系列触目惊心的事实中醒悟过来，造成一种"悬念"，使听者急于了解更多的情况。

著名演讲教育家李燕杰在《爱情与美》的演讲中这样开场："我不是研究爱情的，为什么会想到要讲这么一个题目呢?"然后讲了一个故事：北京一家公司的团委书记再三邀请李老师去演讲，并掏出几张纸，上面列着公司所属工厂一批自杀者的名单，其中大多数是因恋爱问题处理不好而走上绝路的。"所以，我觉得很有必要与大家谈谈这方面的问题。"

这个故事一下子把听众的注意力集中起来，使他们感到问题的严重性和紧迫性。

同样，我们在TED演讲中，也可以选用这些令人震惊的事实，意在引起听者的注意、赢得他们的认同。

2.讲述与演说目的相关的故事

如果我们在演说中能对听众讲述与主题有关的背景知识，那么，不仅能体现出主题的重要性，更能用事实说服听者。

美国空军少将鲁弗斯·L.比拉普斯在夏努特空军基地的一次宴会上作演讲时，就对"黑人遗产周"的有关背景知识及其对美国空军的重要性作了介绍：

今天，我很高兴站在这里，也很感激大家能应邀参加，一起讨论会黑人问题，我们的梦想是保持民族间的理解，在美国各大州又开始纪念"黑人遗产周"。今天，在这夏努特空军基地，我们庆祝它则可以对美国空军进行完整无缺的教育。我们民族的主旋律是："黑人历史，未来的火炬。"

现在，这个已成为美国人民的纪念活动，是弗吉尼亚州纽坎顿市卡特·G·伍德森最先提出并计划的，他现在被誉为美国"黑人历史之父"。伍德森先生于1915年成立了"美国黑人生活和历史协会"。后来，他又于1926年发起了"黑人遗产周"纪念活动……

这一类故事，可以是现实生活中的轶事趣闻，也可以是中外历史上有影响的事件。无论使用哪一类故事，都应注意和自己的谈话内容相衔接。

3.幽默的故事

心理学家凯瑟林告诉我们："如果你能使一个人对你有好感，那么，也就可能使你周围的每一个人，甚至是全世界的人，都对你有好感。你不是要到处和人握手，而是以你的友善、机智、风趣去传播你的信息，那么空间距离就会消失。"幽默能一下子拉近人与人之间的感情距离。但演讲中使用幽默的故事时一定要注意，我们需有幽默的秉赋，切不可平淡，呆板。

总的来说，通过TED演讲，我们要看到故事对于演说的重要性，但我们同时要注意故事的趣味性和代表性，不可胡说一通，让听众厌恶。

第 2 章

重塑视角，在 TED 演讲中更新你的大脑

我们都知道，TED演讲倡导的是人类的创造性思维，倡导科技改变世界，比如，计算机的应用、人工智能时代的来临，而这些，都是突破传统思维的产物，也就是说TED演讲中，我们不但要学习最为精湛的演说技巧，更要更新我们的大脑，不断探索和学习，形成自己的独特视角和创意。

像TED演讲那样先抛出一个吸引人的主题

前面，我们已经提及，但凡有机会来到TED大会现场作演讲的均有非同寻常的经历，他们要么是某一领域的佼佼者，要么是某一新兴领域的开创人，要么是做出了某些足以给社会带来改观的创举。比如人类基因组研究领域的领军人物Craig Venter，"给每位孩子一百美元笔记本电脑"项目的创建人Nicholas Negroponte，只身滑到北极的第一人Ben Saunders，当代杰出的语言学家Steven Pinker……至于像Al Gore那样的明星就更是TED大会之常客了。

前来参加会议的，有诺贝尔奖获得者，也有科技大腕，比如比尔·盖茨，但往往也有魔术师、杂技演员，他们混在一起，让大会更具特色。

每年，申请参加大会的人都有上万人，但最终能参加的却只有一千人，因为能参加TED大会的，不仅仅要具有新奇的思维和出色的表现，还有个基础条件——必须支付得起高达7500美元一张的门票。

每年的TED大会都有自己的演讲主题，比如，2012年的美国时装模特卡梅伦·鲁塞尔演讲的主题就是外貌不是全部，而

2015年ONE LOGIC的首席数据科学家塞巴斯蒂安韦尼克博士的演讲主题主题是科技改变未来。

从第一届TED大会开始，人们都在大会上看到了世界最顶尖的科技、产品和思维，比如第一张CD光盘、第一台苹果电脑，今天，新版的MacbookAir让全世界无数的粉丝为之疯狂。

26年来，TED不仅改变了世界，其规模也在不断扩大，一开始，它不过是一场由千人参加的"晚宴"，而如今，它已经成为每天50万人观看其视频的社区。自1990年起，参会的精英们每年三月相聚于美国加州长滩，享受这一场"超级大脑SPA"。

2015年卡内基梅隆大学机器人研究所的教授克里斯·厄姆森教授在TED大会上发表了关于汽车"无人驾驶"的演讲。

他说："从统计学上来说，汽车上最不可靠的部分就是驾驶员。""科技越发达，驾驶员就越不需要负责，所以人们用知识把汽车变得更加智能，让我们看到真正的成功。"

实际上，这一演说让与会的人士看到了无人驾驶的未来前景，主题鲜明且新颖有趣，很有启发性。

TED演讲告诉每一个致力于提升自己演说能力的人，要做好演说，一定要做到主题明确，不能散漫。

确定演讲目的不是难事，但提炼出一个吸引人的演讲主题却不易，主题能抓住听众的心，是一场演讲成功的开始。因为

对于一场演讲来说，主题是其门面，听众在听你的演讲之前，是无法了解你演说的具体内容的，真正能吸引他们的，也就是你的演讲主题。

所以，千万不要指望去讲好一个包容万千的话题，那样只是徒劳。有一个年轻人，他想在两分钟之内讲一个题目《公元前500年的雅典战争》，这简直不可能，当他才开始演说到雅典城的建造时，时间就到了。

不少人的演讲，都是因为主题和范围不确定，而导致了演说中有太多的论点，内容杂乱无章，听众更无法集中注意力听，为什么会这样呢？因为人的注意力不可能同时放到几件事上，如果你的演说只是流水账，那么，听众是不可能找到你要说的重点的，因为连你自己也不清楚。

这个道理适用于任何范围的演说，因此，无论你讲的是销售术、烤蛋糕、减免税赋或者是飞弹。在你开始演说之前，一定要加以限制和选择，把题目缩小至某一个范围内，以便适合自己讲演的时间。

所以，如果你的演讲时间只有五分钟左右，你就只能说清楚一两点，而即便你有半个小时的时间，如果你要说清楚四五个以上的概念，那你也是很难成功的。

你的主题是否讲得深刻，最为关键的因素之一是你对你的题目是否有深刻的感受，你连自己对自己都没有充足的信任，又怎么能让别人信任你呢？

　　如果你对你所讲的题目很熟悉，比如你的某个爱好，你就会对它充满热诚；再如果是你十分关注的事，你也会满怀热情。

　　然而，生活中，一些演说者一开始就会怀疑自己选择的题目是否能引起听众的兴趣，其实，要想激发听众的兴趣，你首先要从自己找问题，你对题目有兴趣吗？如果你自己都没有热情，又怎么能带动听众呢？

　　曾经有个演说者，他的观点是：如果大家继续用现在正在使用的吉桑比克海湾捕石鱼的方法，石鱼将会绝迹，并且，根本要不了多少时间。为此，他十分关注这件事，因为此事已经十分严重了，他表现得慷慨激昂。

　　在听演说之前，很多听众根本不知道吉桑比克海湾里有什么石鱼，也就没有什么兴趣。可是，在这个演讲者结束自己的演讲前，大家甚至产生了和他一起去申请保护石鱼的冲动了。

　　有人问前美国驻意大利大使理查德·吉尔德："你是怎样成为一个意趣无穷的作家的？成功的诀窍是什么？"他的回答是："我非常热爱生命，所以我不能停下来不动，我想告诉人们的也正是这点而已。"如果你也是这样的演讲者，你也一定能吸引听众。

　　所以，如果你的题目选对了，就成功了一半；比如，如

果你能谈自己的信念，那是不会有错的。你知道自己的信仰，不必再寻找，虽然平时你不提及，但它一直停留在你的意识表层，只要你稍稍想一下，就能找到。

另外，对你的题目，你最好还要多了解一点，多收集一些资料，你对某件事了解得越多，便会表现得越真诚。

学习是一种快乐

了解过TED的人都知道，TED倡导的是人类的创造性思维，也要求我们避开那些按部就班的规则，正因为如此，TED倡导鼓励现代社会的人们多学习，在学习中更新思维，让思维和知识引领科技进步。

在所有参与过TED大会的知名人士看来，学习都是一种快乐，正如哲学家曾说：不断学习和汲取知识的人，他们还会把这些知识运用到智慧和教养的过程中，这样的人是不会感到无趣的，他对事物的兴趣，也会变得更加强烈。"

在TED演讲中，曾经有个叫夏敏阿克塔的女性演说了一篇主题为"知识改变命运，学习获得自由"的演讲。

她在演讲中陈述了自己的教育经历：因为假扮男孩才有机会获得教育。

　　在这场让人大开眼界的亲身故事演说中，阿克塔详述了受教育的机会如何改变了她人生的方向——最终，改变了她村子的文化，让村中的每个年轻女孩都能去上学。

　　在演讲结尾，她说："女孩们渴望学习，但学校员工人力不足。女孩们原本充满了希望，她们一直等着，但却什么都没学到，所以她们离开了。我无法忍受看到这种事。那时，我就找到自己的人生目标了，我找了几位朋友来协助我教学，让这些女孩来了解外面的世界，透过课外活动和书籍来达成这目标。我向女孩们分享那些成功的领导人的人生，比如金恩博士和曼德拉。去年，我们有几个学生上了大学。对我而言，我永远不会停止学习。现在，我正在努力取得我的教育博士学位，拿到这个学位，我就能在学校体制当中取得管理职，我就能够做更多的决策，并在体制中扮演枢轴的角色。

　　我相信，如果这些女孩得不到教育，就无法实现真正的世界和平，童婚也无法减少，无法降低婴儿死亡率。我们无法降低母亲死亡率。为了这个目的，我们得要持续地、共同地一起努力。至少，我在扮演我的角色，虽然目的地还很遥远。这条路不好走。但我眼中有着梦想，而现在，我不会再回头看。"

　　的确，学习知识是改变命运的唯一机会，而投身于学习的人不会感到无趣，的确，人生在世，要有一番成就，就必须要学习，学习是获取知识和能力的唯一途径，这是毋庸置疑的。

然而，不少人认为学习是一件枯燥的事，这是因为你对学习没有热爱之情。

我们可能都有这样的感受：读书时代，我们经常一到上课就犯困，很重要的一点原因是我们对这门功课不感兴趣。其实，哪一种学习不是这样呢？如果我们认为学习枯燥无味，那么，我们便提不起兴趣，学习效率自然也不高，而反过来，假如我们尝试着对学习投入百分之百的热情，努力、专注地学习，那么，你就会发现，你的学习能力正在提高，你会为此兴奋，同时，你离你的学习也目标也越来越近，你是不是又会产生更好的学习激情呢？当然，要提高学习热情，还是要从培养兴趣开始。

因此，我们只有把握好现在的时间努力学习，只有稳扎稳打学好各种知识，才能然后再从从容容地去休闲去游玩去消遣。否则，年轻时就开始忙着吃喝玩乐，不干正事，不务正业，那么，只能"书到用时方恨少"，"少壮不努力，老大徒伤悲"了。

当然，要坚持学习，你需要首先把学习融入到生活和工作中去。

曾有个青年问苏格拉底："怎样才能获得知识？"

苏格拉底将这个青年带到海里，海水淹没了年轻人，他奋力挣扎才将头探出水面。苏格拉底问："你在水里最大的愿望是什么？"

"空气，当然是呼吸新鲜空气！"

"对！学习就得使上这股子劲儿。"

的确，成功取决于人的能力；而能力，则取决于人的学习——归根到底，成功取决于学习。不断地学习知识，正是成功的奥秘！但学习来不得半点虚伪，只有把学习融入到生活中，引起足够的重视，才能有所成效。

当然，学习和工作是分不开的，学习是为了更好地敬业。

找到一份工作不容易，能"站住脚"更难，如果因为继续深造耽误了目前的工作，与敬业精神就不符，那么就不会有相应的业绩；没有业绩，怎么保证以后能找到更好的职位呢？所以说，学习和敬业不该有任何冲突，学习是为了更好地敬业。

再者，你要随时留意身边那些可以学习的内容。学习不一定要脱离现在的工作，更没必要脱产走回学校。因为年龄、经济等条件不允许，我们不可能再走回纯粹的学生时代。随用随学，做有心人，留心身边的人和事，学会随时发现生活中的亮点，并注意总结别人的成功经验，拿来为自己所用，这可能是生活和工作中能让自己进步得最快的一招。

生活中，正在学习的人们，你是不是觉得学习是那么的枯燥呢？那么，你不妨调节一下自己的内心，看到学习的乐

趣，怀着热情去学习，并努力向上攀登。那么，每天你都会获得进步。

你对学习没有兴趣，很多时候是因为你没有看到学习给你带来的快乐的情绪体验。而事实上，学习不是枯燥的，很多时候，你能从学习中获得某种对成长有益的因素。获得这种积极的情绪体验，你就会主动抛却那些消极的、应付的学习态度了，这会有利于学习兴趣的提高。

在学习过程中，兴趣是极为重要的，如果你认为学习只是一种应付性活动，那么，你是不会有很高的学习效率的。对于这种情况，你有必要调节自己的内心，当你能做到保持不甘落后、积极向上、奋发有为的精神状态，有只争朝夕的紧迫感，那么，你一定会不断进取！

向TED学习如何做成功的演讲

提到TED，是不少需要参与公共场合演说者的学习的素材，要知道，公开演讲最大的挑战就是如何运用感染力的语言，将自己的思想和观点传达给受众，进而对听众产生号召力。然而，生活中的很多演讲者，原本希望自己能侃侃而谈，但却因为缺乏演讲的能力以及自信而使演讲效果大打折扣。所以，很多人都想知道如何提高自己演讲的能力，才能在众人面前口齿流利地讲话。正因为如此，此处我们总结了TED演讲中的技巧：

1.没有人是天生的大众演说家，多学习成功演说者的经验

我们不得不承认，在过去，一场演说要成功，必须要使用谨慎的修辞技巧和优雅的演说技巧，所以，要想成功演讲也就十分困难，而现在，TED演讲倡议，我们不妨把演讲看成一场扩大了的交谈，要用率真的心态与听众讨论问题，而绝不能对听众大放厥词。

因此，你若希望自己能在公开场合表达自己的思想、让别人接纳自己，就要多学习、多探讨，只要你相信自己，愿意改变，你就能做到。

2.了解你的需要，牢记你的目标

有这样一篇演讲：

自由、平等、博爱是我们人类最美好的词语，如果没有了自由，还谈什么生命和生活呢？

此时，坐在台下的老师们打断了演讲者的讲话，然后问他，你凭什么说服自己相信这一番话呢？你能拿出让自己、也让他人信服的证据吗？接下来他讲了一个故事：

他曾经是法国的一名地下战士，当时的法国纳粹党猖獗，他的家人也受到了纳粹党的凌辱和迫害，他细致地为在场的所

有人阐述了他和他的家人是如何与纳粹党分子周旋，然后秘密来到美国的。

故事结束后，他激动地说：现在，无论我是穿过密歇根大街，还是从警察身边走过，我都不必担惊受怕了。我去饭店吃饭，不用出示身份证了。一会儿，等这场会议结束后，我还可以去我想去的任何地方，这就是自由！

这是一场成功的演讲，因为演说人，目标清晰，成功将听众带入到自己的演说中。

所以，生活中的人们，如果你有成为成功的演讲家的愿望，你就能将自己投入未来的形象中，然后努力使梦想成真。这就是你最应该做的。

你可以想象一下，你现在充满了自信，所有人注视你，听你分享你的思想和感觉，那是多么的舒畅啊。这种愉快的感觉，大概是吃再美味的食物或者是环球旅行也不能代替的吧，曾经有位演讲家这样说："发表演讲的最初两分钟即使挨鞭子也无法开口；但到临结束的前两分钟，我宁可吃枪子儿也不愿停下来。"

从容不迫地站在公众面前说话，能让你的前途变得不可估量。美国舍弗公司的总裁亨利·柏莱斯通曾说过一句话："和人们进行有效的交谈，并赢得他们的合作，是每一个正在努力追求上进的人所必须具备的一种能力。"

学会当众说话，你能从中获得众多好处，比如，你能提升自信、能让你变得口齿伶俐等，当你能在公众面前侃侃而谈的时候，你会发现自己在同事面前的拘束是多么可笑，你甚至能改变个性，将自己培养成一个大度、洒脱的人。

所以，只要有机会，你就可以对几个人或许多人说说话——你会越说越好，我自己就是这样；同时你会感到神清气爽，感到自己完整无缺，这是你从前感受不到的。这是一种畅快、美妙的感觉，没有任何东西能给你这样的感受。

3.把握每一次练习演讲的机会

任何一个希望获得演讲能力的人，必须要把握每次当众说话的机会。那些能在 TED 大会上侃侃而谈的著名人士也并非是天生的演说家，他们也是在经历了很多次的练习后才能侃侃而谈的。

因为如果不练习当众说话，那么，谁也不可能真的在众人面前演讲，就好比一个人一直不愿意下水是不可能学会游泳的。

年轻时候的萧伯纳是年轻人中出名的胆小之人，每次去拜访他人时，他甚至能在走廊徘徊二十分钟之久才敢去敲门，他曾坦言，因为自己的羞涩胆小而感到痛苦。

当然，后来萧伯纳改变了，当人们问到他是怎么改变的时候，他说："你是怎么学会溜冰的，我就是怎么做到的——我固执地一个劲儿地让自己出丑，直到习以为常。"后来，他常

不经意地使用了最好、最快、最有效的方法来克服羞怯、胆小和恐惧。他告诉自己一定要把自己的这一弱点改正掉，后来，他加入了一个辩论会，并且，只要在伦敦有讨论的聚会，他一定前去参加。再到后来，在社会主义运动的大潮中，萧伯纳也四处演讲。从不放过每一次练习当众说话的机会，才让他成为了20世纪上半叶最有自信心、最出色的演讲家之一。

其实，生活中说话的机会很多，如果你也是个不善言辞、羞涩的人，你也不妨去参加一些组织，从事一些需要讲话的职务。在聚会里站起身来，说上两句，即便只是附和别人也好。要知道，现代社会，再也没有一份工作是完全不需要开口说话的。如果你总是不愿意或者不敢去说，那么，你就永远也不知道自己会有怎样的进步。

换个视角，世界如此不同

生活中，我们可能都有这样的经历：我们习惯于从茎窝凹处切分苹果，若不改变切法，不管切多久，都不会有新奇的发现；若横切一刀，你就会发现：苹果核竟显示出清晰的五角星状。同样，我们看待一件事也是如此，如果我们转换个角度看的话，会看到完全不同的世界。

一个成功人士说："在观察认识事物时，如果只有一个视角，这个视角是最容易把人引入歧途的。如果我们能产生不寻常的视角，用这个视角去观察寻常的事物，就使得事物显示出某些不寻常的性质。不寻常的视角观察到的事物虽然与别人一样，但构思出的结果却与别人不同。"

事实上，世界著名的TED大会，就是以分享创意为主线，强调思维的先进性和独创性，它告诉我们所有人，任何人，无论做什么，都要有灵光的头脑，善于创造性思维，不能钻牛角尖。这条路走不通，不妨另走一条，多一条路多一道风景。思维一变天地宽，勤思考，善于逆向、转向和多向思维的人，总能找出解决问题的方法，总能以最少的力气，做出最满意的效果。

现如今，很多年轻人十分喜欢使用iPhone手机，提到iPhone，就不得不提乔布斯。

史蒂夫·乔布斯（1955年2月24日—2011年10月5日），生于美国旧金山，苹果公司联合创办人，2011年10月5日，因胰腺癌病逝，享年56岁。美国加州将每年的10月16日定为"乔布斯日"。

有人说，乔布斯的出现，改变了我们的生活。美国总统奥巴马曾说："乔布斯是美国最伟大的创新领袖之一，他的卓越天赋也让他成为了这个能够改变世界的人。"经济参考网这样评论乔布斯："

"乔布斯是一个天才，他不仅智慧过人，还锐意变革，不断创新，引领全球资讯科技和电子产品的潮流，把电脑和电子产品不断变得简约化、平民化，让曾经是昂贵稀罕的电子产品变为现代人生活的一部分。"

我们羡慕乔布斯的成功，更惊叹于他的智慧，然而，乔布斯值得我们学习的不止如此，还有他的口才。他是沟通大师，也是擅长虏获人心的演讲者。

乔布斯的演讲曾收入 TED 最值得推荐的演讲之一，有人说，乔布斯是全世界企业家中最会讲故事的人。在过去的30年里，他已经把产品发布和展示发展成为一门艺术。在演讲中，一件事情经过他的描述往往变得清楚、明白，能唤起听众的热情和共鸣。他会用一种调侃的方式来吊听众的胃口。"乔布斯像驾驭一支交响乐队一样控制演讲的节奏，有起伏，有渐变，有高潮，最后为听众创造一个意料之外的结果。"

我们想要拥有乔布斯的智慧，其实智慧来自于对思维的开发，打破固有的思维习惯，那么，当提到铅笔的用途的时候，你能想到些什么呢？可能你会说"书写"，但实际上，这支是铅笔的通常用途，你至少可以得出这样多的答案：绘画、当发簪、做书签、当尺子画线，它削下的木屑可以做成装饰画，在遇到坏人时，削尖的铅笔还能作为自卫的武器……所以，千万不要以为铅笔只有一种用途——写字。这就考验了你的思维能力。如果你不能做到转换思维思考问题，那么，可能你就能找出为什么你总是不断尝试却不断失败了。

在人生的旅途上，不仅需要信心、激情和坚韧，还需要清醒的头脑，需要理智的经营。跌倒的时候，先别急着爬起来，不妨看看是什么绊住了自己。只有找到摔倒的缘由，才能不再重蹈覆辙，避免更大的失败。

同样，在心境上，你也可以尝试换个角度看待现状。生活中，谁都会遇到这样或那样的不如意，换个角度看待，很快就能调整好心态，这样，看到的不仅是希望，收获的更会是快乐。一位伟人曾说过："要么你去驾驭生命，要么生命驾驭你，你的心态决定了谁是坐骑，谁是骑师"。人活一世，一定要将自己定位在骑师的位置，遇到艰难与挫折时，换个角度，以一个良好的心态待人处事，可以把生命的舞台演绎得更加精彩。因为世间许多事就如同硬币，有正反两面。当我们抛到自己不喜欢的一面时，不妨静下心来，告诉自己：再试试吧，也许你就能找到自己喜欢的那一面了。上帝给予每个人眼睛，但并不给予你方法，如果想通过生活的考验，不妨换个角度试试！换个角度看问题，会使你多一些稚气，少一些鲁莽。拥有它，会使你的生活多一些顺畅，少一些坎坷。学会它，你会受益终生。

从这一启示中，我们应该有所收获。那么，不妨做到以下

几点：

1.激发好奇心，主动发现问题

比如，在生活中看见某种现象，你不妨问问自己为什么会是这样，而不是那样？喜欢推究想象事情的前因后果是一种爱好，也是提高全面看问题的能力的好方法，用不间断的思考来丰富自己，加深自己的生活阅历。在工作和学习上，对任何事情都要带着疑问，尽量满足自己的好奇心。

2.善于思考，分析问题

我们对一件事物的思考过程，实际上就是我们的认知从现象到本质、从感性到理性、从具象到抽象的过程。思考其实就是一个分析的过程。由于思考，我们才能够认识事物的内部、事物与事物之间的联系。在思考的过程中，你要学会对照比较、归纳概括、融会贯通、举一反三等。

3.多积累，丰富自己的经验

只有多了解实际情况，丰富自己的人生经验，多积累，思考的内容才能更具体、更丰富，看问题才会更全面。因此，你要多看书，多了解一些生活规律，用前人的经验来充实自己。比如，可以读一些文学、哲学思想方面的书，这些都是他人经验的结晶、生活的反映。另外，可以培养广泛的兴趣爱好，积极投身于生活实践，有意识地增加社会实践的机会，这也是一条途径。

每个人都希望自己做事能有一个好的角度，从而把事情做得尽善尽美。好的角度，当然是从思维而来。只有运用头脑，积极思考，转换思路，不断寻思出新的做事方法，你才能够发现、创造更多的机会，实现自己的目标，改变自己的生活。

乐于探险，探索你未知的领域

生活中，我们都知道，大自然是充满神奇之处的，尽管现代文明已经踏足社会的各个角落，但是对于生命的探索依然永无止境，这种冒险精神也是古今中外有所成就者的共同特征。在TED大会上，那些各个领域的精英们为我们分享他们的成功故事，从中我们也能了解到探索对于知识更新和科技进步的重要性。任何人，只要敢于探索，敢于冒险，就能抓住机遇，实现成功。

朋友们，假如你也想要为自己的人生赢得与众不同的光彩，成就最好的自己，那么你就也必须培养自己敢于突破的精神，这样的你才值得拥有特立独行的人生。

记得曾经有人说，人生最大的冒险就是没有冒险。的确，细细想来，没有冒险的人生是可怕的，因为这意味着我们的人

生没有任何进步，更没有任何尝试和创新，所以我们才会在人生之中止步不前，从不主动出击。毋庸置疑，这样的人生过于保守和闭塞，的确是冒险的人生。倘若一个人这样度过一生，那么非但不会有任何进步，还有可能被时代远远抛下，导致我们的人生变得如同死气沉沉的死水，再也任何生机可言。

第一次世界大战时，法国时任第六师师长的上校泰勒，就是个敢于冒险的人。

有一次，他在教育儿子时，他这样告诫儿子说："孩子，记住：你的姓是泰勒，泰勒这个姓代表着做事能力。你永远不可以靠边站，让出路给其他敢于冒险的人走。你要冒险向前使他们让出路来给你走。"

接着，他继续说道："大街上人来人往，人流攒动，但是只要消防车呼啸而过时，大家都自动地让出路来。当然你偶尔也会感到沮丧、软弱，但这正是你需要鼓起战斗勇气的时刻。只要你继续向前，那些悲伤和沮丧都会为你让出一条路来。"

勇敢地尝试新事物，可以发现新的机会，使你迈进从未进入的领域。生命原本是充满机会的，千万别因放弃尝试而错过机会。

哲人说，自己是最大的敌人，人有时最难突破的，就是自身的局限性。这就是为什么我们会发现，那些处于困境中的人最终会比那些已经取得温饱的人更有作为。想迈开脚步大干一场，又不舍得抛开自己现有的温饱的保障，如此瞻前顾后，必定无所作为。

现实生活中，很多人都因为害怕失败，而选择放弃各种各样的冒险机会。殊不知，他们的人生虽然四平八稳，但是也毫无成就，只能羡慕地看着他人获得成功。从这个角度来说，不冒险，到底是幸运还是不幸呢？对于人生，每个人都有自己的理解和选择，我们当然无法强求别人如何选择人生，但是我们自己却要清楚自己该怎么做。人生短暂，如果数十年如一日地过，无形中相当于缩短了我们的人生。最佳的选择是把人生的每一天都活出精彩，这样哪怕我们的生命无法维持很长的时间，至少我们拓宽了生命的宽度，我们的人生变得充实而有意义，精彩而又与众不同。

很多炒股的朋友都知道，风险越大，收益越大，相反，收益越大，风险也就越大。所以，我们根本不可能获得万无一失的成功。任何成功，既有可能成功，也有可能失败，在做决定之前我们必须深思熟虑，才能最大限度发掘自身的潜力，从而避免我们因为没有竭尽全力而感到懊悔。

比如，曾参与过TED大会的比尔·盖茨建立的微软帝国在全世界都首屈一指，那么当初他从哈佛休学，全力以赴地创业，难道就没有考虑过失败的可能吗？他当然曾经想过失败的可能性，但是他更清楚一旦成功意味着什么。所以他才会在深

思熟虑之后做出决定，毫无疑问，这个决定是非常冒险的，如今也的确给他带来巨大的成功。

在比尔·盖茨看来，成功的首要因素就是冒险。在任何事业中，把所有的冒险都消除掉的话，自然也就把所有成功的机会都消除掉了。他自己的一生当中，最持续一贯的特性就是强烈的冒险天性。他甚至认为，如果一个机会没有伴随着风险，这种机会通常就不值得花心力去尝试。他坚定不移的认为，有冒险才有机会，正是有风险才使得事业更加充满跌宕起伏的趣味。

朋友们，我们都要知道，置身于这个飞速发展的时代，我们每个人都要挣脱身上的桎梏，从而才能彻底释放自己的心灵，让自己充分发挥创新的能力。当然，也许彻底改变在短时间无法实现，我们可以先从最简单的改变开始。

首先，在改变伊始，可以多多尝试新鲜事物，感受新鲜事物给我们带来的美妙感受。

其次，我们还可以尽量结识更多的朋友，借助他们给我们带来全新的生活体验，从而开阔眼界，积累丰富的生活经验和知识。

当然，在进行完这些热身运动之后，接下来就是要彻底改变观念，从最简单的冒险开始循序渐进，最终让自己变得积极乐观，勇敢无畏，只有如此，我们才能让自己的人生不再平庸，最终绽放出耀眼的光芒！

　　总之，新世纪的人们，我们也应该跨越传统思维的障碍，时时刻刻寻求新的变化，并敢于释放自己、改变自己。

第 3 章

讲好故事，如何用故事贯穿演说过程

研习过TED演讲的人可能发现，TED演讲之所以引人入胜，一个很好的技巧就是善于讲故事。谁都喜欢故事，故事能牵动人的情绪，让人产生情感共鸣，的确，感情是沟通的纽带，要想让你的演讲有说服力，必须先衔接起这一纽带，才能到达对方的心理堡垒，征服别人。正所以，在正式进行演讲前，可以讲个故事。以此展开话题，增强演讲的趣味性和感染力。

有趣的故事，谁都喜欢

现实生活中，一些人一到公众面前说话就显得笨嘴拙舌，不知道从哪说起，也不知道怎样表达，他们经常抱怨上天没有给他一个好嘴巴。其实，演讲口才的好坏和天赋并没有多大的关系。上天可能在人类容颜的问题上存在一些偏心，但是在口才方面却是比较公平的。我们知道，写文章讲究"读书破万卷，下笔如有神"，其实讲话和写文章属于一样的道理，只有积累的东西多了，才能够说出有水平有见解和有说服力的话，而要想说服听众，不但要积累语言素材，更要善于说故事。

比如，在举世闻名的TED演讲中，演讲人都善于讲故事，因为有趣的故事谁都喜欢，故事能带动听众的热情，掌控听众的情绪，将听众的注意力带入演讲中。

正是认识到故事在演说中的积极作用，很多企业和个人开始学习运用故事来提升演说水平。

在惠普公司成立50周年时，公司收集到100多个企业故事，其中"惠利特与门"流传最广。

那么，谁是惠利特呢？

惠利特是惠普最早期的创始人，一天，他偶然发现公司储藏室的门被锁上了，于是，惠特利让人将锁拆了，并在门口贴了一张门贴，上面写着"此门永远不再上锁"。这个故事告诉所有惠普人：惠普是重视互信的企业。

在IBM最常听到的是这样一个故事：

IBM公司有个门卫叫鲁西，他每天的工作就是检查进入公司安全区域的人是否佩戴了身份标识。有一天，董事长沃森在工作人员的陪同下来巡视工作，但却忘记佩戴身份标识了，为此，鲁西将他拦在了门外，陪同的工作人员表达了不满，但沃森却回去取来了身份标识。这个故事向企业传播了一条重要的信息：在企业内部，即便是最高层的管理者，同样要遵守企业的规章制度。

在西方的企业界，斯蒂芬·丹宁享有"故事大王"的美誉，他不仅善于讲故事，而且极力推崇企业管理者应通过讲故事的方法提高领导力。

斯蒂芬·丹宁（Stephen Denning）出生于澳大利亚悉尼，加盟世界银行后，担任了各种管理职位，包括1990~1994年南非地区的总裁以及1994~1996年非洲地区的总裁。

从1996到2000年，斯蒂芬任世界银行知识管理的项目总负责人，在这里他发起了知识分享项目。

2000年11月，他被评选为世界十大最受尊敬的知识型领导。从2000年起，他与美国、欧洲、亚洲和澳大利亚的公司合

作，研究组织中的故事和知识管理。2003年4月，史蒂芬被评为世界最出色的200位管理大师之一。

斯蒂芬·丹宁认为，21世纪，在这个纷繁复杂的世界，领导者必须要掌握一项技能——在适当的时间讲适当的故事，并且，这一技能是人际交往、与家人和朋友融洽相处所需的重要技能。在多年的工作和实践中，他发现，讲故事能帮我们达到这一目的，包括激发行动、展现自我、传播价值、与人合作、知识分享等等。为达到不同的目的，我们讲故事的方式方法也不同，故事的构思以及故事的讲法也应该不同。如果不了解这些不同之处，那么故事的效果就可能大打折扣。

在从事企业管理咨询之前，丹宁曾任世界银行知识管理项目部主任。当时，他致力于把世行变成一个知识分享的组织，为此，他运用幻灯、图表、书面报告等手段，试图让世行官员接受他的观念，但这一切努力都无济于事。后来，丹宁想到了讲故事的办法。

1995年6月，丹宁向世行官员讲了这样一个故事：赞比亚卡马那市的一位医生，一直在苦苦寻求治疗疟疾的方案，最后，他登录了美国亚特兰大疾病控制中心的网站，随后，他在很短的时间内获得了想要的全部信息。在世行的官员听了这个故事后，很快把工作人员汇集到一起，讨论知识管理事务，并向行长提交了报告。1996年8月，世行行长在年度会议上宣布，要把世行变革成一个知识分享的组织。

基于自己的亲身经历，丹宁极力推崇企业管理者通过讲故事来提高领导力，促进企业改革。

斯蒂芬·丹宁曾著有《松鼠公司》一书，在这本书中，他强调，能够在正确的时间讲述正确的故事，将成为在新世纪应对挑战和获得成功的重要领导技能。

如今，丹宁的观点已被美国企业主管普遍接受。高级管理人员对MBA（工商管理硕士）的热情在减退，对学习如何讲述故事却兴趣盎然。

为使管理人员掌握绘声绘色讲故事的技巧，IBM管理开发部专门请来在好莱坞有15年剧本写作和故事编辑经验的剧作家担任顾问，向管理人员介绍好莱坞的故事经验：运用情节与角色来制造冲突。耐克公司在多年前就设立了正式的"讲故事"计划：每个新员工要听一小时的公司故事。如今，听故事仍然是新员工受训的头等大事，因此耐克的教育总管通常被称为"首席故事官"。

的确，无论是什么形式的演说，与趾高气扬地发号施令相比，讲故事的方式是最生动和最有说服力的。可口可乐的老总郭思达就风趣地提醒员工，人体每天需要64盎司液体，而可口可乐只提供了2盎司，言下之意就是可口可乐的市场潜力仍然很大。《领导发动机》的作者迪奇指出，领导实际上就是带领变

革，将大家从现在带向所期望的未来。

当然，讲故事是有讲究的，这一点我们在后面会有所介绍。总的来说，在演说中运用故事，是高明的演讲技巧，故事有角色、有情节、有人情味，是领导者描述未来、适应环境快速变化的好工具。一个能够涵盖重点事实的故事，影响力往往会超过一叠厚厚的统计数据。

故事让演讲更动人

有人说，故事是撩人情绪的秘密武器，可以温暖人，感化人，团结人……故事的力量不容小觑，尤其是在演讲中，无论是何种形式的演讲，故事都是撩拨他人的绝佳工具。

对于大家熟识的TED演讲，也主要以叙述故事为主，比如，2012年作家苏珊凯恩作的演讲——内向性格的力量中，开头就阐述了自己的故事：

"在我9岁那年，我参加了人生的第一次夏令营，妈妈帮我整理了行李箱，里面全是书，这再正常不过了，因为在我们家，读书就是最主要的家庭活动，可能你们会觉得我不爱交际，但是对于我的家庭来说，这真的是接触社会的另一种方法，你们有想过那种家人都坐在身边的温暖氛围吗？当时，我想象着夏令营也是这样的，很多小女孩围坐在小木屋里，穿着合身的睡衣，惬意地看书……"

很明显，讲故事能快速将听众的注意力拉到演讲中来，这比冗长的理论知识有趣多了。

我们进行演讲，其目的本身就是为了将所陈述的观点深入人心，引发共鸣，已达到震慑人心的作用。开场白中任何技巧的运用，都不如以事实开头更能获得听者的信任与认同。

1984年5月5日，巴金先生参加了在东京召开的第47届国际笔会，大会总议题是"核时代的文学和作家的关系"。在前面几位著名的作家发言以后，巴老作了精彩的发言。开头是这样的：

在广岛原子弹爆炸十年后，一个12岁的小姑娘发了病。她相信传说，以为自己折好一千只纸鹤就能恢复健康。她躺在病床上一天天折下去，她不仅折了一千只，还多折了三百多只，但是她死了。人们为她在和平公园里建立了"千羽鹤纪念碑"，碑下挂着全国儿童送来的无数只纸鹤。我曾经取了一只用蓝色硬纸折成的鹤带回上海。我没有见过她，可是这个想活下去的小姑娘的形象，经常在我眼前出现。好像她在要求我保护她，不让死亡把她带走。倘使可能，我真愿意用我的生命换回她的幸福……

这个令人伤感的故事表达了巴金对和平的祈愿，一下子就深深地打动了全场听众。接着，巴金过渡到"核时代的文学和

作家的关系"这个主题上来，水到渠成，自然妥帖。

不只是演说开头，在演说中，讲故事，构造一种叙事——这都是传达思想和价值观的重要部分，也是任何演说者都要培养的一种能力。

在生活中，会讲故事的人，往往也比较有魅力，这就是一项技能。不知你是否发现，在你生活的圈子里，就有那么几个会讲故事的人，大家都很喜欢听他们说话，莫名感觉这个人很有意思，究其原因，正是因为他会讲故事，讲得引人入胜，所以你才愿意听他讲，愿意和他聊。

林肯以其幽默和善于讲故事的领导魅力而成为美国历史上最著名的总统之一，可以说，在日常交流中，讲故事是其主要沟通手段之一。

阿伯拉罕·林肯在竞选总统时发表了这样的演说："有人打电话问我有多少银子，我告诉他们我是一个穷棒子。我有一位妻子和一个儿子，他们都是无价之宝。我租了一间房子，房子里有一张桌子和三把椅子，墙角有一个柜子，柜子里的书值得我读一辈子。我的脸又瘦又长，且长满胡子，我不会发福而挺着大肚子。我没有可以庇荫的伞，唯一可以依靠的就是你们。"

这样一番绝妙的演说，使林肯成功地为自己在公众面前树立起一个清廉诚实、平易可亲而且极其幽默的形象。它之所以有感染力，就是因为它虽然是一个玩笑，但却没有任何夸夸其谈、模棱两可、道听途说、添油加醋的成分，试问，谁能抗拒这种演说的感染人心的魅力呢？

我们也应当从这个演讲故事中吸取经验，向听者讲述一些事实，会让听者在一开始就对你产生信任。当然，选择事实要遵循这样几个原则：要短小，不然成了故事会；要有意味，促人深思；要与演讲内容有关。

另外，在演讲中，为了增强演讲效果，加深听众印象，我们也可以穿插现成的幽默故事。一个短小的故事，精彩动人，令人回味无穷，也许会使人精神焕发、斗志昂扬、自信振作；也许会使某些意志薄弱的人从垂头丧气的失败中清醒过来，吸取教训，重新振作起来，建立起奋斗的目标和迈向成功的决心和信心；也许会使人们从悲观转为乐观；也许会使人们从失败中站起来，甚至潜移默化地改变人的一生，能改变人们的人生观。

美国诗人、文艺评论家詹姆斯·罗威尔1883年担任驻英大使时，在伦敦举行的一次晚宴上发表了一篇名为《餐后演讲》的即席演说。最后他说："我在很小的时候听人讲过一个故事，讲的是美国一个卫理公会的牧师。他在一个野营的布道会上布道，讲了约书亚的故事。他是这样开头的：'信徒们，太阳的运行方式有三种，第一种是向前或者说是径直的运动；第二种是后退或者说是向后的运动；第三种即在我们的经文中提

到的静止不动。'（笑声）先生们，不知你们是否明白这个故事的寓意，希望你们明白了。今晚的餐后演讲者首先是走径直的方向（罗威尔起身离座，做示范），即太阳向前的运动。然后他又返回，即太阳向后的运动。最后，凭着良好的方向感，他将自己带到终点。这就是我们刚才说过的太阳静止的运动。"在欢笑声中，罗威尔完成了这套动作重新入座。

这种紧扣话题的传神动作表演，惟妙惟肖，天衣无缝，怎能不赢得现场来宾的欢笑声和热烈掌声？

穿插时要注意：穿插进来的内容一定要同话题有关，能起到说明、交代、补充的作用；穿插的内容务必适度，不可过多过滥，以免喧宾夺主，中心旁移；衔接务必自然得当，切不可让人觉得勉强或节外生枝。

了解讲好故事的五个步骤

前面，我们已经分析过，学习讲故事对于演说者的重要性，较于令人昏昏欲睡的数据和各种假大空的套话，讲述你自己的故事不仅能建立信任，还能激发听众想象并拥抱一个更加美好的未来。事实上，即便如此，并不是每个演讲者都擅长讲故事。

曾经有个采访，被采访的对象是全球80多家公司的170多位领军人物，结果表明，故事的价值不仅仅在于活跃气氛，它的重要性是战略层面的。这些管理者的各种做法表明有五个方面决定故事的最终效果：如何发掘故事？如何研究故事的模式和主题？如何筛选那些还需要丰富的故事？如何组织值得回忆的故事？如何将故事具化为正面的态度、思想、行为？

1.积累故事素材

这不但需要你博闻广识，还需要你具备细心的观察力，在生活中做个有心人，对于日常所见所闻要记下来，作为故事素材的积累，然后再根据不同的场合进行故事编号。

2.研究故事

我们将每个故事剖析后，会发现，每个故事都有深层的含义和表层意思，那么，这如何帮助你？

假如你的主题是品牌调查，你收集到了细节故事，并非所得结论，那么，你就可以挖掘隐藏的有意义的主题；对听众关于某个流程的故事进行录影，你会发现每个人都提供了工作所需的知识，而这些却没有人描述过；他们的故事会告诉你，其实他们探索出了解决老问题的方法。

在故事叙述的表面之下就是指导人们决策和行为的假设、模式、期望、信念。这些元素在一般的调查中不会自动出现，在具体问题的答案中也很少有。但是有关情景的故事（如那些

让项目或公司的愿景更为充实的故事）和那些阐释意义的故事通常能抓住这些暗含的假设。

要保证听众的满意度，可以尝试深入研究某个或多个故事。你可以了解到此前不为你所知的事情、关注点、问题，或者一些隐情。你或许能找到一个主流故事，这可以帮助你了解为什么组织变革会行不通，或某个品牌在市场中的认知情况。

3.筛选故事

那么，你需要哪些故事呢，我们进行了总结：

所讲故事能展现你的核心价值；

所讲故事可以支持你的理想、使命、目标、战略规划；

所讲故事能记录我们的成功与失败。

整体而言，我们所筛选的故事都要能够体现出我们要说的目的、主题。筛选故事之前，你首先要记录故事，因为如果我们本身不是故事的主人公，就必须通过记录和整理才能拿来熟练使用，我们可以用笔记本或者卡片来收集故事，有些故事我们还可以分享到网上。

例如，City Year公司内部曾编撰了一本小册子，这个小册子记录了公司在全球范围内发展的21个故事，这些故事展现了公司的战略远景和价值观，为员工在公司未来的工作指明了方向。该书恰逢公司成立15周年出版，描述了其国际扩张计划。

另一个例子是美国环保署的"领导传统"项目。在该项目中，工作人员与60位管理者进行了一对一的录像采访，阐述了该公司对环保工作的重视，以及在环保领域内的教训与建议，这些被采访者曾在环保署工作三十几年，有的在公司集团领导层马上要退休了。

另外，还可以注意以数字或电子形式记录的故事要系统归类，以备索引。

4.组织故事

故事有模式。开头陈述背景，挑起听众的兴趣；主体强调冲突；结尾解决问题，并且给出经验教训，寓意或主旨。

从沟通的角度看，在组织故事的时候，有几点你要注意，不管故事是你的还是别人的。

第一，故事的意义要来自于故事本身，而不是我们强加的。

第二，即使是统一的意义，听众也会得出各自的结论。为此，除了故事本身陈述的意义，还要注意预料之外的意义。

最后，你始终要客观地讲述真实故事，但也可以对某些细节进行渲染，让听众觉得更有意思，主旨更生动。当然，前提是真实故事的讲述原则要得到遵守。

面对不同的听众，具体把握同一故事的长度变化不无裨益。在说话的时候，用较长的版本。但在印刷材料中，精简版则是最佳之选。

5.具化故事

讲自己的故事是具化的一种方式。事实上，非语言沟通以及讲述者与听众之间互动的力量在影像、音响、纸媒中都很大，因此具化的做法很受青睐。但是这些也只是分享故事的一部分方式。

几年来，在美国全国讲演协会年会的主会会场的前排总是有一个空位。笔者第一次与会时，问身边的人们为什么台上的演讲者看向那个空位，摄像师也会对空位进行摇摄。答案是那个空位是为了纪念已故的协会创始人罗伯茨。老会员们给笔者讲述了他的故事，笔者开始了解他的激情，以及他对协会的贡献。

空椅子、照片、画、短文、纪念品等其他物品，都可以是象征的一种形式。它们提供了故事传播和流传的载体。人们都清楚这种形式的沟通所具有的力量。有哪些物品象征了你所讲的故事？护理员穿的鞋子？收到的第一张服务款支票？下线的第一件产品？你真正要注意的是以积极的方式，在你的听众中，释放这些象征的力量。

以上五种，并不是每个演讲者都会用到，这需要你根据的演讲主题和所遇到的具体情况进行规划和总结，但无论如何，运用故事的方式很广，讲故事在演讲中更具灵活性，也更易被听众接受。

动情讲故事，拿捏语态是关键

研习过TED演讲的人们可能都发现，曾在TED大会上发表演讲的人都口才非凡，且善于营造好的演讲氛围，这里讲的"气氛"，就是要带动对方的情绪，和对方达到一种情感的共鸣。而他们通常采用的方法是讲故事，尤其是那些感性的故事，当听众真正被我们的话打动时，我们讲话的目的也就达到了。

的确，感情是沟通的纽带，要想说服别人，必须先衔接起这一纽带，才能到达对方的心理堡垒，征服别人。所以，在正式进行沟通前，应先营造氛围，为此，领导者可以用感性故事来温暖对方的心房，以此展开话题，增强语言的感染力，

对此，领导者可以这样讲感性的故事：

1.表达你的热情

演讲需要你投入高度的热忱，当一个人被自己的感觉影响时，他的热情就会被点燃，他的行为、语言都会出于自然，一切也就都顺其自然了。

所以，归结起来，学习任何表达技巧的前提都是要全身心投入到演讲之中。

耶鲁大学神学院院长曾说过一个故事：

"我的一位朋友跟我说他曾经参加了一次教堂仪式，而这

次经历让他永生难忘。

他告诉我，当天布道的是著名的牧师乔治亚·麦克唐纳，在为大家念完《新约》的经文后，他说："想必我们都知道先知的那些事迹，他们是如何执着于自己的信仰的，而什么是信仰，我想大家也应该很清楚，如果不清楚，神学教授会告诉你的，先知是怎样执着于自己的信仰的，我今天的任务是帮助大家建立自信。'"

这样一番真诚的语言，令人动容，随后，他又阐述了自己的信念，他也希望教友们可以树立坚定的信念，他真诚的一番话，直达听众们的内心，自然效果惊人。

乔治亚·麦克唐纳能获得成功的秘诀在于他能全身心地投入到自己的说话中，其实我们任何人做演说何尝不是如此呢？但是并不是所有人都能按照这一秘诀来做，因为他们更希望得到明确的指令、获得简单明了的建议。

我们不要指望冷漠的态度会起到感染他人的作用。热情与快乐是一对连体婴儿。对方在感受到你的热情时，自然也就对你敞开了心扉，也会逐渐感到你传达给他的情绪。

2.举一些感性事例

在讲话的过程中，我们要善于选择一些比较有代表性的事例来阐述问题。这样可以为你的观点增加点分量，并且能够表明你的陈述是比较客观的。如果缺乏事实的依据，你的故事再感人，也没有信用度可言。当然，也要注意，不要引用过多事实，避免听众厌烦。

3.讲一些关于自己的事

有时候，为了证明某个观点，适当地讲一些关于自己的事，会让我们的谈话变得更富有真情，用自己的故事来说话，也更容易打动人。

这样的个人经验，最好是已经对你的生活起到了强烈的警醒作用的或者是影响巨大的，这样才是最有效的，也许整件事的发生不到几秒钟，但就是那短短的几秒钟，让我们学到了终身难忘的一课。假如，在一个集体中，有人讲述了一次他想从翻转的船边游上岸去的事情后，想必在座的听众都会在内心告诉自己，下次自己遇到了这样的情况，一定要听从他的劝告而等待救援人员的到来。

另外一个故事是一个孩子和翻转过来的电动剪草机的惨痛事件，听众听完之后，想必也会在心中留下鲜明的印象，只要是孩子在电动剪草机附近，都会提高注意力。为了防止这样的意外，相信不少人在听过一些不幸之事后，都会采取防护措施，比如，某个人听说一场烹饪意外却引起了火灾，自此之后，他会在厨房放一个灭火器。还有个人，发现了自己的孩子晕倒在浴室，手上还拿着有毒的瓶子，很多人知道后，都会把家里装有毒性气体的瓶子贴上标签，然后放到儿童拿不到

的地方。

1991年9月19日，杨澜应邀主持第九届大众电视"金鹰奖"颁奖文艺晚会，在报幕退场时，不小心被台阶绊了一下，"扑通"一声滚倒在地，这意外的洋相，使场内顿时一片哗然。然而杨澜一跃而起，笑容可掬地说："真是人有失足、马有失蹄呀，我刚才狮子滚绣球的节目滚得还不够熟练吧？看来这次演出的台阶不那么好下哩，但台上的节目很精彩。不信，瞧他们的。"话音刚落，全场观众为她机敏的反应爆出热烈掌声，有的观众还大声喊："广州欢迎你！"

显然，这一跤，非但没有摔倒杨澜的形象，反而更让广州人民领略了身为著名主持的可爱。虽然，杨澜并不是主动的自我暴露，而是偶然摔了一跤，但从观众的表现中，我们发现，人们更喜欢与那些有点小缺陷的人交往，更愿意亲近他们。

总之，演讲中，我们要想获得认同，可以讲一些感性的故事，这样能使你的话热烈起来，能够打动人，当然，作为讲话者的你，首先要搜集这类故事，并要保证故事的真实性，否则，一旦对方识破了你的谎言，我们便会因小失大。

悬念故事，勾起听众的好奇心

可能不少人在演讲的过程中，都有这样的感触：一上台就开始正正经经地演讲，会给人生硬突兀的感觉，让听众难以接受。而如果能在开场时卖卖关子，则能迅速吸引听者的注意力。这就是演讲过程中的悬念。演讲中的悬念是指听众的一种心理活动，这种心理的产生基础是听众对某种事物的认识有个大略的了解，但现在向他传达的则是已经变化了的事物，他们对此产生了关心的情绪，甚而把想探个究竟的想法急切地表达出来。

的确，悬念是打开成功演讲之门的金钥匙，这种心理活动的过程，如果能被我们在演讲时恰当利用，就会使听众产生一种听完后有所得的愉悦感，真切理解演讲者的意图。

制造悬念的方式有很多种，其中就有悬念故事，在克里斯·安德森《演讲的力量》一书中，他对TED演讲进行了总结，发现其中的一条核心技巧就是：通过激发兴趣、制造悬念或者危险等形成故事的张力。

人们都有好奇的天性，一旦有了疑虑，非得探明究竟不可。在开场白中讲悬念故事，能激发听众的强烈兴趣和好奇心，在适当的时候解开悬念，使听众的好奇心得到满足，也使演讲前后照应，浑然一体。

下面我们引述的是鲍威尔·希利先生在费城的宾州运动俱乐部展开讲演的方法：

"大概一个世纪前，大概也是这个时节，在伦敦的大街小巷，大家争相讨论一本小书，这本刚出版的小书是一段故事，它一出现，就注定了永垂不朽，不少人称它为'世界上最伟大的小书'。在它刚刚问世时，相熟的几个朋友在斯特兰德街或普尔玛尔街遇上时，都会随口问一句，'你读过它了吗？'回答千篇一律：'是的，上帝保佑，我读过了。'因为谁也不会错过它。"

"在它出版的第一天，它的销量就是1000本。两星期之内，它的销量就达到了15000本。从那以后，它被无数次的加印，然后被翻译成了各国文字，在其他很多国家发行。就在几年前，J摩根以我们难以想象的价格买下了这本书的原稿，现在，它正和很多其他无价之宝一样躺在摩根博物馆中。那么，你可曾知道这本畅销于全世界的小书叫什么呢？"

听到这里，你是否也产生了极大的兴趣？是不是也想知道这本书的书名呢？是不是急切地想知道更多呢？你是不是觉得这段简短的开场白已经抓住了听众的注意力了？那么，这是为什么呢？因为听众的兴趣被激发了。

这就是好奇！上面提的是什么书？正确的答案是《圣诞欢歌》，作者是查尔斯·狄更斯。

所以，我们可以说，制造悬念一定能引起听众的注意。

当然，我们在使用悬念故事开场时，不能故弄玄虚，这一方法既不能频频使用，也不能悬而不解。在适当的时候应解开悬念，使听众的好奇心得到满足，而且也使前后内容互相照应，结构浑然一体。

当然，用这种惊人的开头还是要注意一些问题，那就是最好别太过戏剧化，反而弄巧成拙了。

我们要注意，最好的开场白一定是平易近人的，就好像是和听众在促膝而谈一样。对此，有个能检验你的方法是不是真的平易近人的方法，那就是在餐桌上预演一次。如果你的方式不够温和，大概也就不能在餐桌上采用，这就说明你的演说不够亲切了。

然而，我们经常看到的是，本应在刚开始就获得听众兴趣的开场白部分却变得枯燥无味。有一位演说者是这样开始自己的演讲的："要信赖上帝，并且相信你自己的能力……"这是一个说教式的开口，但却像开水煮白菜一样寡淡无味，再听听他后面的演说，开始有点意思了，他说："1981年我母亲成了寡妇，身无分文，但却要养育三个孩子……"这里，演讲人为什么不在刚开始就讲述他的母亲是如何将三个嗷嗷待哺的孩子养育成人的呢？

可见，你若想引起听众的兴趣，就不要等到绪论部分再开

始，而应该在一开始就要进入故事的核心部分。

富兰克林·贝杰就是这样做的，如果提到《我怎样在销售行业取得成功》一书，你可能会很熟悉，的确，他就是这本书的的作者，他能够在第一句话里便制造悬念，简直称得上是悬疑大师。

在美国青商会的赞助下，我们一起在全美各地进行巡回演讲，谈论关于销售的一些事宜。在提及"热心"这一话题时，他所用的开场方式值得我们学习，他一不讲道，二不训话，三不说教，四无概括的言论，一开口就直指问题的核心，他是这样开始自己的演讲的：

"在我成为职业棒球选手后不久，我遇到一生中最让我震惊的一件事情。"

这样的开场方式有什么效果？想必听众会睁大了眼睛，都急切地知道他到底遇到了什么震惊的事，又是怎样处理的？

因此，在演讲中讲悬念故事，可以有效地吸引听众的注意力，使演讲内含的信息和情感得以准确传达。也能起到拯救演讲危机、让自己再度成为听众注目的中心的作用，值得我们演讲者好好学习。

第 4 章
先声夺人，一开口就抓住听众的注意力

　　我们都知道，任何演讲，都要以一定的话术开场，然而，万事开头难，演讲中的开场也是如此，如果开场白毫无新意，那么即使内容丰富、道理深刻，也无法有效地吸引听众，那么，接下来就很可能会出现听众昏昏欲睡的场面。而如果我们能在开场中抓住听众的注意力，能引发他们听的兴趣和积极性，那么，演讲也就成功了一半。那么，具体来说，我们该如何开场呢？对此，我们不妨从TED演讲中学习其经验。

开口定基调，炒热氛围

生活中，我们经常听到"基调"一词，基调即是风格、主要感情等。这一词汇对于经常参加各种演讲的人并不陌生，因为通常来说，演讲都是要达到一定的目的的。因此，我们当众讲话，就必须要有较强的针对性，这要求我们首先了解演讲的主题，然后定好演讲的基调，只有这样，才能炒热氛围。

这一点，任何一个在TED大会上的演说者都有所体会。

对于科技爱好者来说，2017年的TED最大的亮点就是特斯拉CEO马斯克的演讲，演讲主题是"未来的你(The Future You)"。这是TED官网上观看量最多的一个视频，观看量超过4300万次。参与过这一次大会的在维什诺在谈到这次盛会时说："我脑子里想的一个关键问题是，如何营造出一种氛围，让在家中观看视频的用户就仿佛是坐在大会中的最佳座位上聆听演讲一样，如何通过灯光或摄像机角度为观众提供身临其境的感觉。因此，首先我要做的就是将房间内的摄像机数量提高一倍。"

的确，根据演讲基调来炒热氛围是每一个演讲高手深谙的技巧之一，不过，也有一些人认为，演讲中的语言越是冗长、云里雾里，越是能体现自己对发言的准备充分，越是能体现自己的语言水平。因此，有些没多少实质内容的演讲，只能反复强调，造成空话、套话泛滥，短话长说，短会开成"马拉松"会，听得让人厌烦。而实际上，讲话越短越精彩，越短越容易给人留下深刻印象。精彩的发言无需长篇大论，短小往往更精悍有力。而要做到这点，就需要我们在演讲前就定好基调，掌握整个演讲的气氛。

明初，刑部主事茹太素向朱元璋上书奏言，可是这一篇万字长文，朱元璋读到六千多的时候，还没看到正题，十分生气，说茹"虚词失实、巧文乱真，朕甚厌之。自今有以繁文出入朝廷者，罪之！"于是便命人将茹太素拉上殿来，痛打了一顿板子。

打完板子之后，朱元璋连夜找来其他臣子，命令他们为自己念这篇文章，直到一万六千多字时，才知道这篇奏章到底要上奏一些什么事情，总结起来只有五件事，而可行的也只有四条而已，于是朱元璋把这些可行的事情交代下去，并对茹太素及其他臣子说，"许陈实事，不许繁文"，此奏章中只有五百来字是言之有物，以后写公文都应该吸取这个教训，并由此发布新的要求，"革新文风"，违者要治罪。

这个故事说明，"言不在多，达意则灵"。同样，我们当众讲话也要遵循这一原则，并不是长篇大论，才能显示你

的水平。

我国古代就追求"以少少许，胜多多许"、"文约而事丰"的境界。我们一定要转变演讲风格，首先就要求在开口前就定好基调，继而让讲话短小些、精粹些，这在当今工作生活的快节奏和社会信息交流频繁的时代，更受人欢迎。那么，我们该如何做到这一点呢？

1.一语中的

当众讲话，要有一定的核心问题，因此，讲话就不能兜圈子，而要切中要害，透过现象讲本质，拨开枝节讲主流，一针见血地讲到点子上。

2.语言上的创新

能否在讲话中推陈出新，体现的就是我们的语言水平。相反，如果总是那么一副"老面孔"、"老调子"，即便是真理，也会让人厌烦，我们讲话必须把真理讲出新意，让人乐于接受，引起广大听众的共鸣。

3.内在的吸引力

如果只讲大道理，那么，讲话便是枯燥无味的，而听者一般也会透过讲话分析和认识我们，只有生动的讲话才是吸引人的，所以我们讲话，应在内在的"神"上下功夫。这就要求我们善于抓住群众的心理，了解群众所想所盼，尽量做到你讲的正是群众想听的，从而增强内在吸引力。

4.以理服人

一般来说，我们在会议上讲话，就是要通过产生积极作用来影响听众，而这一点，并不是靠死命令或者说教就能做到的，关键是我们讲话要有说服力。通过讲话，真正说服人，真正让人口服心服。只要做到这一点，才能让听众有兴趣继续听下去。所以我们要对听众关心的内容讲清楚，不拖泥带水；对群众不明的内容要讲明，不含糊其辞；对听众有抵触、有反感的内容要讲透，不牵强附会。否则，您讲您的，人家做人家的。您例行公事讲了话，浪费时间；人家不得已而听讲，等于没听。

5.运用富有情感的语言

感染力强，效果就好。平淡无奇，死水一潭，没人爱听，大家就会指着讲话者说"没水平"。

所以，我们必须注意研究听众心理，把握讲话现场状况，从容应对局面。要善于运用富有感情的语言进行演说，或用慷慨激昂的感召，或用富有哲理的评议，或用激励的语言，扣人心弦，励人斗志，激起群众的热情，增强群众的信心。

6 提出自己的希望

演讲开始时，我们就要让听者明白讲话目的是什么。当然，如何提出自己的希望还体现了一个人的号召力如何，我们常听到这样的评价："某某号召力强"、"某某人有魄力"，

其实，"号召力强"、"有魄力"很大程度上是通过讲话来表现的。

优秀的演讲者，往往在讲话伊始就能通过一番简短的讲话把听众的心凝聚起来，将群众的力量组织起来。而也有一些演讲者，讲话讲了半天，纯粹是空洞的说教，人家根本听不进去，"不吃你那一套"，怎么会有号召力？我们应在增强"号召力"上作些研究。要通过讲话起到激励、鼓动的作用，达到演讲目的。

我们若希望自己的演说内容对听者产生积极的作用，就要把握好开场基调，通过以上几种方式，让听者产生浓厚的继续听取的欲望，把握会议气氛，进而让整个会议跟着自己的思维进行下去。

开门见山，直击听众心理

人们在公共场合讲话、演说，为的就是起到启迪人心的作用，能否在开场就抓住听者的兴致，对于对方能否接受自己的观点至关重要，因为，我们在确定了演说的主题之后，首先应当考虑的，便是这个主题如何组织结构？如何尽快用自己对主题的兴趣引出听众同样的兴趣？如何以自己对题目的感觉和热情去点燃听众内心的感觉与热情之火？如何以自己对主题的精深理解去启迪听众随着这思路一道共鸣和思索？这些，都关乎演讲的成败。

在众多的开场设计中，有一种直击要害的方式，那就是开门见山式。开宗明义、开门见山，是中国传统的作文法，也符合听众一般的心理要求。有的演讲开头注意使听众具有一定的心理准备，从而与演讲者建立协调和谐的联系。

实际上，受演讲者欢迎的TED会议的宗旨是"用思想的力量来改变世界"。TED演讲的特点也是毫无繁杂冗长的专业讲座，观点响亮，开门见山，种类繁多，看法新颖。每一个 TED 演讲的时间通常都是18分钟以内，因此，直击要害的开场就显得尤为重要了。

在演说前，你可以先问问自己：你的讲演能够帮助听众解决什么样的问题，怎样达到他们的目标？然后开始讲给他们听，就会获得他们的全神贯注。如果你的职业是一名会计师，那么，开场时你就可以表明这一点：我现在就教大家如何立遗嘱，然后，就有一些观众对你的话题产生兴趣。其实，在每个人的知识积累中，总有某个方面能打动听众。

在美国会计协会罗切斯特分会的一次演讲中，演说者唐纳德·罗杰斯通过表达他对听众需要的关心而激发起了他们的兴趣：

今晚我要演讲的题目是《信息的透露》。在敲定这一题目之前，我查阅了很多资料，包括本地的会计年鉴分册和全国会计协会的学术专刊，随后，我又询问了我的两位同事亚历克斯·莱文斯顿和戴夫·汉森："今晚来听演说的人都有哪些？他们希望我讲什么？"他们告诉我，今天的听众是一些很热心的人，因此，希望我的演说有趣而富有启发性。因此，我将告诉大家一些有用的知识，我也同时希望我的演说简明扼要，并留一些时间让大家提问。

有时候，听众的时间是宝贵的，他们也是"自私"的，他们只有在感到能从演说中有所收获时才专心去听演说。演说的开头应正面回答听众心中的"我为什么要听"这一问题。而唐纳德·罗杰斯在开场中就向听众展示了这一点，因此，他便找到了与听众继续沟通的门道。

那么，我们该如何灵活运用开门见山式的开场方式呢？

1.快速入题

我们欲使听众尽早进入状态，接受自己的言论，就必须重视入题的速度和方式两方面的安排。既要"开门见山，一针见血"，这就是"快"；又要有逻辑上的悬念、起伏和跌宕。

这里，强调入题要快，并不是说所有入题都以"开门见山"这样"直"的方式为佳。其实，有时候入题更需要讲求一定的曲折和委婉，尤其要讲求一点逻辑悬念，方才有利于入题的引人入胜。因此，有时候，你不妨在言辞上多下点功夫，以悬念抓住听众心理，引起他们的注意和重视。

2.观点鲜明

我们在选用开门见山这一开场方式时，就要观点鲜明。演讲观点鲜明，显示着我们对一种理性认识的肯定，显示着我们对客观事物见解的透辟程度，能给人以可信性和可靠感。演讲稿观点不鲜明，就缺乏说服力，就失去了演讲的作用。

3.感情真挚

我们在开场的时候，演讲言辞就具有真挚的感情，才能打动人、感染人，有鼓动性。因此，它要求在表达上注意感情色彩，把说理和抒情结合起来。既有冷静的分析，又有热情的鼓动；既有所怒，又有所喜；既有所憎，又有所爱。当然这种深厚动人的感情不应是"挤"出来的，而要发自肺腑，就像泉水喷涌而出。

马丁·路德·金的《我有一个梦》的演说，为了点明题旨以增强感染力，就反复"描述"了"我梦想有一天"的情景，每一个情景就是一个镜头，连续组成主观与客观相融为一体的连续不断的"画面群"，既强烈地渲染主题，实际上也是一种颇为艺术的点题方法。

4.语言流畅，深刻风趣

我们想把在头脑里构思的一切都写出来或说出来，让人

们看得见，听得到，就必须借助语言这个交流思想的工具。因此，语言运用得好还是差，对演讲影响极大。要提高演讲稿的质量，不能不在语言的运用上下一番功夫。

对此，我们不妨运用以下方法：

一是使用点出主旨的警句，以起到"余音绕梁"的效果。

在演说开头使用警句，不仅新意盎然，而且颇有深刻寓意，仿佛黄钟轰鸣，余音不绝于耳。

二是艺术地运用熟语，以听众受到感染并乐于接受自己的观点。

熟语，包括成语、民谣之类，通俗易懂，人们耳熟能详。对此，切不可视之为下里巴人而妄加轻视与贬低，相反，熟语很多时候在演讲中也能起到"阳春白雪"的作用。如果演说时，领导干部对此能艺术地加以改造和利用并糅进其他修辞手段加以强化，也有可能赋以新意并铸成警句，从而给人以艺术享受与心灵震动。

我们在演讲的过程中，要学习TED演讲中经典的开门见山式的开场方式，能快速阐明观点，能迅速将听众带入规定情境和思路中去。

列举事实，引入正题

瑞士作家温克勒说："开场白有两项任务：一是建立说者与听者的同感；二是如字义所释，打开场面，引入正题。"不得不说，任何形式的演讲，开头都是关键。在演讲开始后的几分钟或者几秒钟内，听众通常会决定是否接受演讲，是否听下去。好的演讲，一开头就应该用最简洁的语言、最经济的时间，把听众的注意力和兴奋点吸引过来，这样，才能达到出奇制胜的效果。如何达到这一效果，方式当然多种多样，但更能引起共鸣的还是无懈可击的事实。

这一点，也是TED演讲的技巧之一。杰米·奥利弗的《给予孩童食品教育》曾获2010年TED大奖（TED Prize），他在演讲开场3分钟之内，就是运用了这一方式成功吸引了观众的注意力。

演讲内容是这样的：

"十分不幸，我要告诉大家，就在我接下来演说的18分钟内，在美国，将有4个人因为饮食不当而毙命，我的名字是杰米·奥利弗，我是个厨师，我没有昂贵的设备或药品，不过我希望通过这次演说告诉自己，食物是重要的健康环节的，现在，麻烦在座的各位举个手让我知道，现场有多少人是为人父母？也包括叔叔、阿姨们。好的，看来大部分人都是啊，在过

去，4位成年人赋予了我们的孩子一个命运，那就是寿命减短，比父母的寿命还短，你孩子的寿命会比你短10年。"

这里，杰米·奥利弗用了个让父母们震惊的事实开头，引起在座的听众们的警醒和注意。的确，我们进行演讲，其目的本身就是为了将所陈述的观点深入人心，引发共鸣，以达到震慑人心的作用。开场白中任何技巧的运用，都不如以事实开头更能获得听者的信任与认同。

那么，我们在开场时，可以引用哪些事实，又该注意些什么呢？

1.令人震惊的事实

震撼人心的开场白是迅速激起听众注意力的最好方法之一，自然而然地引起听众的共鸣，这一种"震撼技巧"，就是利用出人意料的方法来达到获得听众注意讲演题材的效果。

接下来几个例子也是此类以"惊人的事件"开头的：

"按照军事部门的预测，在原子战争的头一夜，在美国会有两千万人遇害。"

"在几年前，斯嘉丽·霍华德报纸花费176000美元做了一项关于零售商店的哪一方面是顾客们所不喜欢的调查，到现在为止，这大概是做的范围最广、最科学、费用最昂贵的一项数字调查了，这项问卷被送往了16个不同城市的54047个家庭。这项调查中的某个问题就是："你不喜欢本镇商店的什么地方？'"在这一问题中的答案中，大概有40%的答案是一样的：店员粗鲁的态度！"

2.自己的亲身体验

在演讲中，我们应该花大部分的时间来描述那些对你产生启示的经验。心理学家表示，我们每个人学习的方式有两种：一种是练习法则，让一连串的类似事件导致行为模式发生改变；二是效应法则，也就是说，让单一的事件就产生强烈的震撼力，并改变我们的行为。我们生活中的每个人都有一些不平凡的经验，这是不需要我们煞费苦心地搜寻的，而我们自身的行为也就是受到这些经验的引导，我们将这些事件重新串联和组织起来，我们就能以此来影响别人，对于我们任何人来说，这一点都不难做到。

一般情况下，人们对字句的反应和对真实事件的反应是不会存在太大差异的，为此，我们在讲述具体事实的时候，一定要把其中自己曾有经验的部分进行再造，巧妙引导听众产生与自己原先相同或者相近的反应或者感受，让你的经验变得更戏剧化，就能让它听起来更有意思，也会更有力量，

假如，在一个集体中，有人讲述了一次他想从翻转的船边游上岸去的事情后，想必在座的听众都会在内心告诉自己，下次自己遇到了这样的情况，一定要听从他的劝告而等待救援人员的到来。

另外一个故事讲的是一个孩子被电动剪草机弄伤的惨痛事件，听众听完之后，想必也会在心中留下鲜明的印象，下次，只要电动剪草机工作的时候，你都会不自觉地看孩子有没有在附近，只要是孩子在电动剪草机附近，你都会提高注意力。为了防止这样的意外，相信不少人在听过一些不幸之事后，都会采取防护措施，比如，某个人听说一场烹饪意外引起了火灾，自此之后，他会在厨房放一个灭火器。还有个人，发现了自己的孩子晕倒在浴室，手上还拿着有毒的瓶子，很多人知道后，都会把家里装有毒性气体的瓶子贴上标签，然后放到儿童拿不到的地方。

我们可以说一个让你永远都不能忘记的深刻的教训，那么，你就可以通过在听众心中也产生警醒作用来打动他们，并要求他们也采取行动，不听你的劝告，他们也不敢保证后果如何。

3.叙述时要让经验重现

我们可以将"表演"称之为讲演的姐妹艺术，任何一位演讲高手身上其实都能找到表演家的天赋，这并不只是那些善于雄辩的辩论家身上所特有的，在我们周围很多人身上都有，他们在说话时面部表情很丰富、脸部和手部动作多种多样。我们生活中的大多数人都能学会这样的技巧，只要稍加练习即可。

在演说中，在描述某个事件时，你的动作和情感越丰富，就越能让听众产生深刻的印象。如果你讲演不能用再造的热情来叙述，那么，即便你讲演得再细致，也是起不到任何作用的。

现在假设你是在描述一场火，那么，不妨把消防队与火焰搏斗时所感受的紧张、激烈和焦灼感表达出来并传递给听众。你想展现你和邻居曾发生过的一场争吵吗？将事件再现并戏剧化；再比如，你想展示溺水时在水中挣扎的惊恐吗？那就让听众也感受到人在即将死亡时内心的恐惧和绝望吧！

我们举例的目的之一，就是要让听众把你的演讲牢牢记住，但只有让听众记住你演讲中的事例，才能牢牢记住你的演讲，进而升华为你希望他们去做的事。

总的来说，以事实为开口，可以使听者从一系列触目惊心的事实中醒悟过来，造成一种"悬念"，使听者急于了解更多的情况。因此我们在发表讲话时，也可以选用事实为开场白，意在引起听者的注意、赢得他们的认同。

一开口就要吸引听众的注意力

开场白，顾名思义，就是一开场所说的话。开场白开得不好就等于白开场。俗话说："好的开始是成功的一半"，所以说开场白非常重要。如果在一开始就无法调动客户的兴趣，那

么，无疑对于接下来的讲话会产生更大的障碍。

要想三言两语抓住听众的心，并非易事。其原因有二：一是站在众多人的目前，即使准备充分，但也会紧张、怯场，事先虽然准备充分，一时不知从何说起，这样难免导致整场演讲的失败。其二，虽然演讲者没有怯场，但如果表现平平，没有在一两分钟内"震住"听众，这样的演讲也很难有十分理想的效果。

所以，我们有必要作出一个匠心独运的开场白，以其新颖、奇趣、敏慧之美，给听众留下深刻印象，才能立即控制场上气氛，在瞬间里集中听众注意力，从而为接下来的演讲内容顺利地搭梯架桥。

演讲开头成败的关键在于能否吸引并集中听众的注意力。演讲时获取听众注意力的方式随题材、听众和场景的不同而改变，一般可以运用事例、轶闻、经历、反诘、引言、幽默等手段达此目的。那么，具体来说，我们该怎样使演讲的开场白"精彩"起来呢？以下是TED演讲中总结出来的开场技巧：

1.说个笑话，炒热气氛

肯·罗宾森曾在TED大会上讲过名为《学校扼杀了创意吗？》的演说，在开场三分钟内，他一直讲笑话，迅速炒热了现场的氛围。

我们来看看：

"早安，大家好吗？这次大会实在很精彩，对吧？这一切都让我太震惊。所以我现在要离开了。（笑声）

我今天要在这次大会上谈的是与大会3个主题相关的问题。首先，……；第二，……；第三，……。我的观点是我们的孩子本来极富有天赋，但却被我们扼杀了，所以我要谈谈孩子的教育与创意问题，我认为，在教育中，创意与知识同等重要，我们应该给予两者平等的地位。（掌声）谢谢。就这样，我说完了。非常谢谢大家。（笑声）所以，还剩下15分钟。"

2.奇谈怪论，吸引眼球

演讲与其他的交流不同，那些平庸、普通的语言与观点可能都不能引起听者的兴趣。对此，在讲话前，演说者如能做一番准备工作，找出与众不同的论调，那么，必能出奇制胜，造成"此言一出，举座皆惊"的艺术效果，会立即震撼听众，使他们蓦然凝神侧耳细听，寻求你的讲话内容，探询你演讲的原因。

需要注意的是，运用这种方式应掌握分寸，弄不好会变为哗众取宠，故作耸人之语。应结合听众心理、理解层次出奇制胜。再有，不能为了追求怪异而大发谬论、怪论，也不能生硬牵扯，胡乱升华。否则，极易引起听众的反感和厌倦。须知，无论多么新鲜的认识始终是建立在正确的主旨之上的。

3. 以有趣的故事开场

任何一位一流报纸杂志的作者都会记住这样一句座右铭：从你的故事的开场白开始，便能立即抓住听众的注意力。

接下来是一些精彩的开场白，相信这些开场都有一种魔力，能在一开始就能抓住你的眼球：

"1942年时，我发现自己躺在医院的病床上。"

"去年7月，当我快速驾车驶下42号公路时……"

"昨天早饭时，我妻子正在倒咖啡……"

"那时，我正在湖中央钓鱼，我抬起头，就看到了一艘快艇正朝我快速开来。"

"我办公室的门突然打开了，我们的领班查理·范闯了进来。"

在开场白中就说清楚了时间、地点、事件和事情发生的原因，这虽然是一种古老的方式，但却是吸引听众注意力的一种很好的方式。对于孩子们来说，"从前"是一个"魔力词"，因为"从前"后面经常伴随的就是一个很有趣的故事，所以一听到这一词语，孩子们想象力的闸门就被打开了。采用这相同的趣味方式，你也能一开口就抓住听众的思想。

4. 开开自己的玩笑

自嘲就是"开自己的玩笑"。对此，需要演说者在演说过程中放下架子，运用诙谐的语言巧妙地自我介绍，这样会使听众倍感亲切，无形中缩短了与听众间的距离。

营销讲师金克言先生在一次有近千名观众参加的演讲会上准备演讲，可台下只响起了稀稀拉拉的掌声。于是他说："从大家的掌声中可以发现两个问题：第一，大家不认识我；第二，大家对我的长相可能不太满意。"几句话缩短了与听众的距离。台下大笑，掌声一片，反应强烈多了。他接着说："大家的掌声再次证明了我的观点!"话音刚落，台下笑得更厉害了，又是一阵热烈的掌声。这个开场白既活跃了场上气氛，又沟通了演讲者与听众的心理，一箭双雕，堪称一绝。

当然，吸引听众的方式有多种，有的是在开头采用幽默语、形象语、发问语、警句、格言、典故、谚语等以引起听众的兴趣；有的语言朴实无华，但提出的是党和国家的重大问题；有的则充满激情，具有振奋人心的作用。演说者可根据具体的演说主题，设计好一个新颖别致的开场，一开口就抓住听者的"神经"，从而赢得一片掌声!

俗话说，良好的开端是成功的一半。精彩的开场白可以起到创造良好气氛，激发听众兴趣，说明演讲主题的作用。演讲学界曾有人指出：如果没有一个好的开头，想在整个讲话过程中做到轻松、巧妙地与听众交流思想是颇为困难的。

让演讲引人入胜的五种经典开场方式

我们都知道，很多时候，我们在公共场合进行演讲，为的就是起到启迪人心的作用，能否在开场就抓住听者的兴致，对于对方能否接受自己的观点至关重要，因为，我们在确定了演说的主题之后，首先应当考虑的，便是这个主题如何进行结构？如何尽快将自己对主题的兴趣引发出听众同样的兴趣？如何以自己对题目的感觉和热情去点燃听众内心的感觉与热情之火？如何以自己对主题的精深理解去启迪听众随着这思路一道共鸣和思索？这些，都关乎脱稿演讲的成败。

当然，演讲的开场白设计方式有很多种，对此，我们根据TED演讲进行了总结：

1.开门见山式开场

开宗明义、开门见山，是中国传统的作文法，也符合听众一般的心理要求。有的演讲开头注意使听众具有一定的心理准备，从而与演讲者建立协调和谐的联系。

在美国会计协会罗切斯特分会的一次演讲中，演说者唐纳德·罗杰斯通过表达他对听众需要的关心而激发起了他们的兴趣：

我今晚要演说的题目是《信息的透露》。确定这个题目之前，我先是查阅了本地的会计年鉴分册和全国会计协会的学术专刊，然后又询问了我的同事亚历克斯·莱文斯顿和戴夫·汉森："今晚来听演说的人都有哪些？他们希望我讲什么？"他们告诉我在座的各位都是些很热心的人，希望我的演说有趣而富有启发性。因此，我将告诉大家一些有用的知识，我也同时希望我的演说简明扼要，并留给大家一定的提问时间。

有时候，听众的时间是宝贵的，他们也是"自私"的，他们只有在感到能从演说中有所收获时才专心去听演说。我们在演讲的开头应正面回答听众心中的"我为什么要听"这一问题。而唐纳德·罗杰斯在开场中就向听众展示了这一点，因此，他便找到了与听众继续沟通的门道。

2.故事式开场

演讲开头是演讲者向听众出示的第一个同时也是最重要的信号，我们若能以故事开场，便能抓住听众的注意力，引发他们听的兴趣和积极性。

理查·圣约翰在TED的6分钟快讲中，以《谈成功的8个祕诀》为题，用"个人的小故事"做了开场。

"这一演讲原本是两个小时，为高中生准备的，但现在我精简成了3分钟，一切都得从我搭机来参加TED那天说起。事情发生在七年前，我的座位旁边是一名高中生。她告诉我，她们家很拮据，但是她很有志向，希望做出一番事业，所以就问了我一个简单的问题：怎样才能成功？我感觉好糟糕，因为我说不出个好答案。最后我下了飞机，到了TED会场。突然想到，老

天，这个地方满是成功的人！为什么不问问他们成功的秘诀，然后再告诉孩子们呢？经过7年500次访谈后，我将告诉大家真正的成功之道，并以成功的TED讲者（TED-ster）为例子。"

3.幽默式开场

通常情况下，演讲都是正式的，但我们并不能因为这一原因就一定要端起架子，板起面孔，一本正经地进行演说。实际上，制造幽默轻松的气氛是使演讲易于为人接受的一种高明的方法。

的确，就演说者来说，如果他一开始讲话就很严肃，那么接下去的演讲就很难活跃起来。而演说者与听众的关系一旦在开始就是疏远和隔膜的，以后便不好拉近。所以，开场时幽默一下是有好处的。它可以使演讲者和听众都处于轻松的状态，缩短双方的距离。而且，在演讲的正文开始以前，逗乐有充分的自由，有各种各样逗乐的题材和方式。

4.悬念式开场

有一次，陶行知先生在武汉大学演讲。他走上讲台，不慌不忙地从箱子里拿出一只大公鸡。台下的听众全愣住了。陶先生又从容不迫地掏出一把米放在桌上，然后按住公鸡的头，强迫它吃米，可是大公鸡只叫不吃。他又掰开鸡的嘴，把米硬往鸡嘴里塞。大公鸡拼命挣扎，还是不肯吃。最后陶先生轻轻地松开手，把鸡放在桌子上，自己向后退了几步，大公鸡自己就吃起米来了。全场鸦雀无声，听众的胃口被吊了起来。这时陶先生则开始了演讲：

我认为，教育就跟喂鸡一样。先生强迫学生去学习，把知识硬灌给他，他是不情愿学的。即使学也食而不化，过不了多久，他还是会把知识还给先生的。但是如果让他自由地学习，充分发挥他的主观能动性，那效果一定会好得多！

这时，全场掌声雷动，听众不禁为陶先生精彩形象的演讲开场白叫好。

陶行知在这次演讲中，就是以展示物品开头的。因为每个人都有好奇的天性，如果心中一旦有了疑团，非得探明究竟不可。为了激发起听众的强烈兴趣，可以在讲话之前，先拿出一件物品，肯定会让在座的听众挺直身子。他们会猜想：他要表演魔术吗？这就引起了听众的好奇心。展示的物品可以是一幅画，一张照片或任何一件其他实物，只要有助于讲话者阐述思想，能引起话题即可。

人们都有好奇的天性，一旦有了疑虑，非得探明究竟不可。在开场白中制造悬念，能激发听众的强烈兴趣和好奇心，在适当的时候解开悬念，使听众的好奇心得到满足，也使演讲前后照应，浑然一体。

当然，我们在使用设置悬念法开场时，不能故弄玄虚，这一方法既不能频频使用，也不能悬而不解。在适当的时候应解

开悬念，使听众的好奇心得到满足，而且也使前后内容互相照应，结构浑然一体。

5.以事实开场

以事实为开场，可以使听者从一系列触目惊心的事实中醒悟过来，造成一种"悬念"，使听者急于了解更多的情况。因此我们在发表讲话，也可以选用事实为开场白，意在引起听者的注意、赢得他们的认同。

瑞士作家温克勒说："开场白有两项任务：一是建立说者与听者的同感；二是如字义所释，打开场面，引入正题。"不得不说，任何形式的演讲，开头都是关键。在演讲开始后的几分钟或者几秒钟内，听众通常会决定是否接受演讲，是否听下去。好的演讲，一开头就应该用最简洁的语言、最经济的时间，把听众的注意力和兴奋点吸引过来，这样，才能达到出奇制胜的效果。如何达到这一效果，方式当然多种多样，但更能引起共鸣的还是无懈可击的事实。

第 5 章

绽放情感：用你的热忱让听众的心灵歌唱

　　每一个成功的TED人物演讲时都有这一演讲信条：释放你内心的热情。的确，在演讲时，如果你不苟言笑、语言呆板，听众不但不会被你打动，甚至还会失去热情，也就是说，你的态度如何，就决定了听众的态度如何。为此，你需要时时提醒自己要保持热情。因为热忱是这个世界上最有价值的也是最具有感染力的一种情感。

请选择一个让你热衷的题目

作为演说者，都希望自己的演讲能深刻，能获得满堂彩，然而，你的主题是否讲得深刻，最为关键的因素之一是你对你的题目是否有深刻的感受，你连自己对自己都没有充足的信任，又怎么能让别人信任你呢？

如果你对你所讲的题目很熟悉，比如你的某个爱好，你就会对它充满热诚；再如果是你十分关注的事，你也会满怀热情。新时代要求演讲语言简洁明了，但这一点不会改变——对演讲的热诚。

约翰曾采访了500位"TED人物"，得出了成功的九个秘诀，其中第一点就是要释放你内心的热情。

想知道什么能让你充满热情，最简单的方法就是问自己"什么能让我的心灵歌唱"？只要你给出了答案，你在演讲时讲述的故事，播放的幻灯片和你的表达方式就能发挥应有的作用，你会与观众打成一片，并信心满满地和观众分享你精通的知识，这时你才真正准备好了关于你的人生演讲。

我们先来看下面的故事：

在纽约一家很有名气的销售公司里，有一位销售员，他有一个奇怪的观点：他说只要自己有山胡桃木灰，就能让兰花在无种子、无草根的情况下生长。

情况是这样的，他将山胡桃木的灰烬撒在刚刚新犁过的土地里，然后一眨眼间兰草便出现了！所以，他坚信让兰草生长的原因是山胡桃木灰。

多么明显的错误，他的同事们都是这么告诉他的，但他却执拗地认为自己是对的，在别人告诉他这一点之后，他马上站起来，说他没有错。他还大声地说他没有引用证据、只是陈述了经验，所以，为了表明自己真的是正确的，他继续说了一些论述，并提出了更多的材料，他的声音里充满了真诚。

但事实上，大家都告诉他，他不可能是正确的，他此时甚至还站了起来，说要让专业技术人员来评断。此时，令人不可思议的事发生了，在场的一些人竟然开始动摇了，对他的观点半信半疑，认为他也许是对的。

那么，到底是什么使得这些人改变了自己最初的观点呢？其实很简单，是演说者的热情和对观点的确定，使听众怀疑了自己的常识。

这里，我们也可以得到一个启发——如果演讲者对自己的题目十分肯定，并热情地谈论它，那么，即便不是正确的，也有可能影响到听众。

然而，在生活中，一些演说者一开始就会怀疑自己选择的

题目是否能引起听众的兴趣，其实，要想激发听众的兴趣，你首先要从自己找问题，你对题目有兴趣吗？如果你自己都没有热情，又怎么能带动听众呢？

我们再来看一个故事：

有一位叫约翰的演说者，一次，他从一家报社发行的小册子里随意搜集了一些关于美国首都的资料，然后便想演讲，虽然在华盛顿居住了很多年，但他却没有找到一个切身的例子来说明自己为何喜欢这个地方，整个演讲听起来十分生硬和枯燥，从头到尾都在陈述别人已经听过很多次的事实，大家听得痛苦，他讲得更痛苦。

在这次演讲之后，发生了一件很出人意料的事，约翰先生的新车停放在街上，但却被撞碎了，约翰先生很气愤，自己怎么这么倒霉，后来向其他人提及这件事时，他都怒火冲天。在两星期后的演说中，他讲得很真切、滔滔不绝，大家居然给他鼓起了热烈的掌声。

所以，如果你的题目选对了，就成功了一半；比如，如果你能谈自己的信念，那是不会有错的。你知道自己的信仰，不必再寻找，虽然平时你不提及，但它一直停留在你的意识表层，只要你稍稍想一下，就能找到。

另外，对你的题目，你最好还要多了解一点，多收集一些资料，你对某件事了解得越多，便会表现得越真诚。

假如你演讲某一点：你因超速而被警察拦下，本来，此时你能以一个完全不相干的旁观者的态度来陈述，但此事毕竟是发生在你身上的，你应该有自己的感受，讲述你的感受能让你的表达更有效果。表达得冷淡、事不关己是不能给听众留下什么印象的，如果你想告诉听众一个警察因你开车超速而把你拦下来的故事，你可以以一个旁观者的态度来讲述。但是这事发生在你身上，你会有某种感受，这种感受会使你的讲述更明确，表达更有效果。第三人称的方式，是不能给听众留下什么印象的。你越是能清楚地描述当时的情景和自己当初的感受，越是能生动逼真地表达自己。

用你的热忱点燃听众的激情

我们在公共场合演讲，最重要的是让自己的语言表达富有感染力，如此才能调动听众的情绪。演讲时，我们切忌自己一个人在台上"唱独角戏"，听众在下面却躁动不安。如果你的讲话换来的是听众毫无反应的场面，那只能证明你这次讲话的失败；如果你的讲话能够使听众喜笑颜开，并且他们能够随着你的讲话内容而思考，那就说明你的讲话是比较成功的。

事实上，我们也已经发现，TED演讲之所以如此成功，之

所以有如此高的热度，有很多值得我们学习的地方，其中重要的一点就是，每个来此演说的人都是带着热忱，都立志于讲自己的思维和创意分享给前来参加大会的人。

然而，我们发现，在现实的演讲活动中，不少人讲话都是极其枯燥的，那么怎样来很好地调动听众的情绪呢？这就需要我们善于围绕主题展开话题，使自己的表达富有感染力，成功地调动听众的积极性，无疑，这样的讲话是成功的。不少人在讲话的时候，只充当了一个"传话筒"的作用，上面怎么说，他就怎么说，不添枝加叶，不拓展话题，最后，他们的讲话就成为了千篇一律的："今天，我所讲的是……第一是……第二是……第三是……谢谢大家，我的话讲完了。"在整个讲话过程中，他的语言苍白无力，听众却是不知所云，究其根源，在于没能将话题展开，没能增添语言的感染力。

美国南北战争结束后，有一个叫约翰·爱伦的普通人和一个在南北战争中的著名英雄陶克将军竞选国会议员。陶克在竞选演讲即将结束时，还说了几句很带感情色彩的话：

"诸位同胞们，记得17年前(南北战争时)的今天，我曾带兵在一座山上与敌人激战，经过激烈的血战后，我在山上的树丛里睡了一个晚上。如果大家没有忘记那次艰苦卓绝的战斗，请在选举中，也不要忘记那吃尽苦头、风餐露宿造就伟大战功的人。"

这话应该说是很精彩的，许多听众都认为爱伦定输无疑了。然而，爱伦不慌不忙，说了几句很轻松的话，便扳回了败局。他是这样说的：

"同胞们，陶克将军说得不错，他确实在那次战争中立下奇功。我当时是他手下的一个无名小卒，替他出生入死，冲锋陷阵。这还不算，当他在树丛中安睡时，我还携带了武器，站在荒野上，饱尝寒风冷露的滋味儿，来保护他。"

这话比陶克说的更高明了。因为听众中许多人是南北战争时的普通士兵，所以，爱伦的话更容易激起这些人的共鸣。于是，爱伦击败了陶克，胜利地跨进了国会大厅。

为什么爱伦的话引起了听众的共鸣？为什么爱伦能击败了陶克？因为爱伦拥有着和这些听众同样的经历，因此，当他将这些事实拿出来与听众共同分享的时候，就显得更有信服力，更容易打动听众。

不得不说，当众讲话最需要的是热烈的气氛，如果掌声雷动、欢呼声不断，那么也会感染讲话者，使你越讲越精彩。要使你的讲话热烈起来，能够打动人，你应该注意提供一些能够使讲话具有说服力的最可靠的方式。当然，首先作为讲话者的你，在整个讲话过程中，应该保持高昂、激情的状态。

那么，在我们实际的讲话的过程中，如何才能顺势展开话题，在语言中展现激情呢？

1.先让你自己变得快乐起来

每天起床时，你都应该暗示自己："我要变得快乐！"并让这个自我激励渗入你的潜意识里，这样，当你出现精神不振的时候，这句话就会激发你身体里快乐的因子，让你变得积极。

2.燃烧自己

我们要激发听众的情感，就首先要燃烧自己。作为演说者，如果一个人搜集了最精妙的词句、有无懈可击的论据、声音和谐、手势到位，但是却缺乏真诚，那么他所做的其他努力也排不上用场了。要让听众印象深刻，自己就应该先有深刻的印象。你的精神如何，从你的眼神中就能看出，如果你的眼神中能迸发出激情，能从你的声音里感到力量，你便能与听众沟通了。

对于每场演说来说，特别是当我们即将要阐述演说的目的时，我们的态度也影响了听众的态度。你的态度冷淡，听众绝不会热情。

亨利·沃德·比切尔曾这样写："如果教徒们在听布道时昏昏欲睡，那么，我们要做的只有一件事，那就是给在场的工作人员一根棍子，让他戳一下布道者。"

3.表达你的热情

当你走上讲演台时，你表现出来的应该是对演讲的期望，而不是不快、痛苦等。用轻快的步伐上台，也许你需要装出来，但绝对可以为你创造奇迹。

上台后，讲话前，先深深吸口气，不要把身体偎在讲桌上，抬起你的头和下巴，告诉你自己，马上你就要陈述一件十分有价值的事，这就好比宣读一个很好的消息一样，像威廉·詹姆斯所说的那样，就算是表现得好像是这样也可以。如果你的声音足够大到可以传到大厅的后方，那么，你会更有自信，而在一开始就使用手势，也许更能让你振奋。

4.举一些事例

在讲话的过程中，我们要善于选择一些比较有代表性的事例来阐述问题。这样可以为你的观点增加点分量，并且能够表明你的陈述是比较客观的。如果缺乏事实的依据，你的讲话就没有信用度可言。当然，也要注意，不要引用过多事实，避免听众厌烦。

5.巧妙运用典故

讲话中适当运用一些典故，或引用伟人经典著作，或引用历史典故、古诗、格言、民谚等，也可以引用上级文件、领导讲话的重要观点，来增强讲话的深刻性。

总之，演讲中，我们不要指望冷漠的态度会起到感染他人的作用。热情与快乐是一对连体婴儿。听众在感受到你的热情时，自然也就对你敞开了心扉，也会逐渐感受到你传达给他的情绪。

多说感性的话，营造好的演说氛围

俗话说"酒逢知己千杯少，话不投机半句多"。在参与演讲的听众中，免不了有一些形形色色的人，我们总希望能给听众留下十分美好的印象，从而得到听众的认可。面对陌生的听众，我们仅仅靠个人的外貌、举止、服装等等外在的东西来表现是远远不够的，最重要的还是要用出众的口才来提升你的凝聚力，让听众对我们产生欣赏和赞美之情，而要做到这一点，我们就需要多说感性的话，以此活跃演说氛围。

曾参与TED大会的史蒂夫·乔布斯曾说："那些充满激情的人能让世界变得更美好。"

他的每场演讲，都堪比百老汇的戏剧，包含了高水平叙述的所有经典要素：基本设置和惊喜，英雄和恶棍。

如今，很多企业领导者都在模仿"史蒂夫·乔布斯式"的演讲，包括他主题演讲的极简设计，但乔布斯讲故事的秘诀并不在PPT里，而在他的心中——用科技改变世界的激情。

他告诉我们，所有成功的创业者都具有的品质，那就是激情。问自己，是什么让你的心灵歌唱？成功的秘诀就是找到你非常爱做的事情，那样你等不到太阳升起就想再重新做一遍。

演讲何尝不是如此，没有情感的演讲，也不可能真正打动听众，不过，可能很多演讲者认为，演讲中就是要树立自己的专业和权威形象，才能让听众信服，其实，演讲大师认为，只有带动听众真情实感的演讲，才是成功的演讲，因此，多说感性的话，让演讲在轻松、和谐的氛围中进行才有利于我们达到演讲目的。

郑毓芝是中国老一辈的表演艺术家，她曾演过话剧《光绪政变记》中的慈禧太后，一次，她被邀请参加一个演讲，主持人是这样开场的：

同学们，今天，我们好不容易把"老佛爷"慈禧太后请来了！老佛爷郑毓芝同志在戏台上盛气凌人，皇帝、太监、大臣见了都诺诺连声，磕头下跪。而在台下，她却和蔼可亲，热情诚恳。她方才和我谈起，还曾扮演过《秦王李世民》中的贵妃娘娘、话剧《孙中山》中的宋庆龄。她是怎样把这些截然不同的人物表演得栩栩如生的呢？下面就请她发言。

在这里，主持人很幽默地把发言人是谁，她的概况及发言的内容巧妙的介绍了出来。领导讲话一定要有精彩的开场、恰当连接、灵活应变的特点，应该打破千篇一律的格式，比如"现在开会，请领导作报告"、"这次活动马上开始，第一项进行的是……"如果仅仅只是这样做一件简单的介绍，那么就很难激起下面听众的兴趣，你应该根据活动的具体情况，或说说会议内容，或讲讲形式，或道道特点，或提提要求，或谈谈"历史上的今天"。

演讲中，我们都希望听众对自己产生好感，那么，我们就应该从说话开始做起，用漂亮得体的语言来使听众的眼睛为之一亮，同时也给自己在听众心中的形象加分。这就需要我们从感性的角度说话，具体来说，我们可以在说话的时候从以下几个方面来注意一下：

1.多说亲切的话

如果你说的话净是一些枯燥无味的大道理，或者满脑子"阳春白雪"的思想在作怪，经常说一些文绉绉的话，就会让听众觉得你过于喜欢伪装，从而在内心里就疏远了你。

比如在和听众寒暄的时候，说一些"路上没有堵车吧？""最近还好吧"之类的话，就会让对方觉得你把他当成了朋友，对你产生亲近感。

2.偶尔说点俏皮话

如果一个演说者不苟言笑，讲话也只注重信息的传达，对所谓的"废话""套话"没有丝毫兴趣，那么他所说的话就会是干巴巴的，听他讲话简直就像走进了坟墓一样，没有丝毫的情趣可言。如果一个人在演讲时能够适当地插科打诨或者讲一些无伤大雅的笑话，那么听众就愿意去接近他，把他当成可以交往的好朋友。

3.热情诚恳地说话

美丽的语言是需要一定的感情做基础的，如果失去了热情和诚恳的铺垫，任何美妙的语言在别人听来都会如同嚼蜡，毫无滋味可言。我们不妨试想一下，当一个人板着面孔说"你今天穿的衣服颜色很漂亮"的时候，将会是一种什么样的情形？

同样，演讲中，对听众说话，我们也一定要传达出自己的真诚和诚恳，这样在听众的心中就会觉得你是一个十分重视感情的人，对你的印象自然而然地也就加深了。

4.说话勿以自我为中心

在我们和听众交流的时候，一定要认识到听众的存在，讲出来的话要让听众有兴趣听下去，这样才能起到有效的演讲效果。

事实上，一些人在演说的过程中，滔滔不绝地向听众讲述自己的性格爱好、人生历程之类的话题，有耐心的听者还能保持一种必要的礼貌去做倾听的姿势，没有耐心的人说不定早就转身就走了。因此，假如你说话太以自我为中心的话，就会给听众留下一个轻浮、自大、自私的形象，从而失去继续听下去的愿望。

一个真正善于演讲的人能因境制宜，制造出良好的气氛，最好是除了带给人们乐趣之外，还能使听众能发出来自内心的微笑。

以听众为中心，迅速产生共鸣

我们都知道，任何形式的讲话，都有三个构成要素，讲话者，听者和说话的内容，这三者缺一不可，因此，做好演讲，不仅需要你有真诚的态度，还要你懂得把考虑听者，就是要让听众觉得你所说的很重要，所以，TED演讲技巧中，就有重要的一点：光有热情还不够，一定要让听众感受到我们的热情，并且也变得有热情。

心理学家认为，感情是人对客观事物好恶倾向的内在反映。因为感情，人与人之间建立了良好的感情关系，便能产生亲切感。通常情况下，如果人与人之间有了亲切感，那彼此之间的吸引力就会增大，影响力也在逐步放大。对此，演讲的时候，我们应富有亲和力，这样，可以让你迅速地缩小与他人之间的距离。

事实上，在历史上，那些著名的雄辩家，都有这样的本事，他们总是能做到让听众与自己产生共鸣，他们希望听众能感觉到他已经感觉的，也总是能让听众同意自己的观点，去做自己想让他们做的事，去分担他的快乐和忧愁。最为重要的原因是，他们从不以自我为中心，而是以听众为中心，因为他们明白自己的演讲是否成功，不是自己决定的，而是由听众来决定的。

　　在推行节俭运动期间，卡耐基到美国银行学会纽约分会训练了一批人，其中有一个学员，他告诉卡耐基他存在严重的与听众无法沟通的问题，他希望卡耐基能给他一些建议。卡耐基认为，要解决这个问题，首先要做的就是让他对自己的题目产生热情，所以，卡耐基刚开始并没有给他什么特别的建议，只是让他在一边把题目再想几遍，直到他能让自己对题目产生极大的热忱。

　　卡耐基告诉他一点：纽约"遗嘱公证法庭记录"显示，85%的人去世时，都未能给自己的亲人留下一分钱，在去世的人中间，只有3.3%的人留下一万美金或者更多的遗产。卡耐基说这一点，是为了让他明白，他现在所做的演讲，不是在强迫别人做无法负担的事，也不是求别人对自己施舍，而是在替别人着想，这样，在他们老了以后可以衣食无忧、可以安然自在，并且能给自己的妻儿留下一份保障。卡耐基也让他这样鼓励自己，最后，卡耐基还让他相信，这是一项了不起的社会服务。

　　在卡耐基讲完这些事实之后，他开始认真思考，然后过了一段时间，他终于热血沸腾起来，兴趣和热情都被激发了，他突然觉得自己应该是一名战士，他认为自己身负重任。

　　后来，他演讲时，用满腔的热血和信念感染了人们，他从人们的角度说话，让大家知道节俭的好处，那时，他不再是一名演讲者，更像一名传教士，他在努力使人们产生信奉节俭的

信仰。

可见，如果你也正致力于提高自己演讲的能力，那么，你首先要学会的就是剔除那些机械式的讲话训练方式，而第一要素就是要把听者的因素考虑进去。

关于这一点，我们再来看下面一个故事：

印度前总理英迪拉·甘地夫人本是个不善言谈的人，但她早年曾应邀做过一次演说。

在那次会上，会议主持人梅农突然宣布甘地夫人要讲话，这使她惊讶万分。在那天之前，她只是在儿童时代的集会上讲过话，从来没有对成年听众发表过演说。此时的甘地夫人很害怕，尤其是会场又这么大，可能是卡克斯顿大厅吧，她当时简直连一点声音也发不出来！最后，她还是讲了几句，听众中有一个醉汉说，"她不是在讲话，她是在尖叫。"听他这么一说，听众当然哄堂大笑。"那次演讲后，我发誓以后再也不在公众面前讲话了。"甘地夫人后来回忆自己的经历时说。

但就在这次糟糕的演说之后不久，甘地夫人又进行了一次极为出色的演说。在非洲，她被邀请在大会堂进行一次讲话。

甘地夫人说："噢，不行，我一句话也不准备讲，只有依了我这个条件，我才赴会。"

他们很吃惊，因为他们已经租下了会堂，而且一切都已安排就绪。最后，他们对甘地夫人说："不管怎么样，你总得坐在讲台上。"还说，他们会设法为甘地夫人的保持沉默做些解释。

据甘地夫人自己回忆说："那天的招待会在下午4点举行，整个上午我都在访问非洲铁路工人的生活区，那里的条件真是糟糕透顶，使我非常生气。招待会上，当宣布尼赫鲁小姐不讲话了的时候，我拍了一下桌子说：'我倒要讲讲。'"

甘地夫人这番话，让会议主席大吃一惊，怔住了，没等他开口说话，甘地夫人已走到话筒前，她激动万分，讲了班图人和其他人的生活条件。"我的讲话在非洲报纸上刊登了出来。第二天，无论我走到哪里，都受到人群的欢呼。女的过来吻我，男的同我握手……"

甘地夫人的这次演讲是很成功的，她成功演说的诀窍不在于她的口才，甚至可以说，她是个不善言辞的人，是她的感情为她迎来了掌声。正义的甘地夫人在访问了铁路工人的生活区后，情绪上产生了很大的变化。正是因为如此，她在发表演说的时候，言语间代表的便是铁路工人的利益，是为他们说话的，本来没有很好的说话能力的她，这回却得到了人民群众的拥护。

关于这一点，我们发现很多成功的演说家，也包括TED大会上参与演说的人，他们大都是富有活力和精神抖擞的人，他们更善于从听众的角度说话，让听众内心的情绪迸发出来。因为人们都有这样的心理：在与人交谈的过程中，如果对方能感

同身受，人们是愿意接纳对方的。

我们现实生活中也是如此，无论你是参与演讲，还是在公共场合说话，如果你想你所讲的话能发生效力，且非要将你的话一吐为快时，你在说话的时候就不应该单是报告一些事实，还该把自己的情感注入到你的话中，并站在听众的角度说话，只有真情实感才能打动他人。

谈谈自己的经历和自己了解的事

我们每个人都知道，很多时候，参与演说，如何让听众信任我们很重要，而为了增加话语的可信度，可以适当地提出一些自己的经历和精通的知识，因为自己的经历最有说服力，而精通的知识则更权威，所以可信度很强。生活中的可能你在生活中也会看一些电视节目，一些节目之所以生动有趣，就是因为他们谈的是自己的经历和自己了解的事。

2012年维秘性感超模卡梅隆·鲁塞尔在TED大会上进行演讲，主题是"外表不是全部"，在大会上，她承认她是个遗传的幸运儿，她是个高挑漂亮的内衣模特，但不要光用外表来评判她。在这场无所畏惧的演讲中，她用另类的方式来看待这个让她16岁时就变得充满魅力的行业。

在开场后一段，她坦承："第一个问题是，你是怎么成为模特的，我总是说：'我是被星探挖掘的，但其实这什么也说明不了，我成为模特的真正原因是，我的基因非常好，是遗产的接受者，可能你会奇怪什么是遗产呢？好吧，在过去的几个世纪里，外面定义里的美不仅仅是健康与漂亮且富有活力的身材，还有苗条的体型，富有女性气质，以及拥有白色皮肤这些特征，这就是我一直在兑现的遗产。'"

这里，卡梅隆·鲁塞尔从自身开始说起，直言不讳自己成为维密超模是因为得天独厚的自身条件，自然赢得听众的信任和青睐。

同样，我们任何人在演讲的准备工作中，一定不能把你演说的内容完全写在纸上然后背下来，也不是临时抱佛脚看看杂志就可，而应该在自己的脑海里挖掘，然后提炼那些信念，你不必担心材料不足，只要你发掘，就能找到，也不必怀疑你的演讲太个人化，真正这样的演说才是让人快乐的、动人的。

关于这一点，卡耐基曾讲述过一件事实：

卡耐基训练班上的一位教师替纽约市立银行资深的官员开了当众说话的课程。这些学员都是日理万机的人，在他们看来，为了一次演说，花费太多的时间和精力实在是不值得，并且时间也不充裕。

其实，他们所思考的是，一定要有自己的信念、看法等，

要从自己的角度思考和看待问题，但事实上，他们忽略的是，他们已经有四十年的材料积累，这就是最好的素材。

那是一个星期五，在已经有了45位学员的训练班上，突然又来了一位上区银行的名叫杰克逊先生的人。在来的路上，他顺手买了一本杂志，杂志名叫《弗贝》，他是乘坐地铁来的，为了打发时间，他翻阅杂志，看了一篇叫《十年成功秘诀》，其实，他并不是因为这篇文章有趣，而是因为他希望在稍后的演说中更有谈资。

他原以为自己的演说会很精彩，会让大家掌声不断，然而事实呢？事与愿违而已。

其实，他连自己这次要说什么都没搞清楚，而只是"想说"，他希望借助杂志上文章来让自己的演讲更有深度，但也只是引用，并没有挖掘到什么内涵，他的表情、仪态、声调都表明了这一点。他不断在演说中提到那篇文章的作者想要表达什么，是怎样阐述观点的，但却没有说自己想要说什么。

在他演说完以后，老师对他说："杰克逊先生，你说了这么多，但我们对你说的那位作者并没有什么兴趣，我们也不认识他，他也不在这里，我们感兴趣的是你想在演说中传达什么，告诉我们你是怎么想的吧，不要总是谈别人了好吗；现在，请把更多的杰克逊先生放到演说中吧。这样，下个星期，你再用同样的题目演讲一次好吗？在认真阅读以下那篇文章，看自己是否是真的同意作者的观点，如果是，就找论点来证明，如果否，也告诉自己为什么。就让这篇文章成为一个开始，引出你自己的讲演。"

按照老师的指引，杰克逊先生把那篇文章重读以后，发现自己根本不同意作者的观点，他根据自己的记忆，然后还有自己从事银行工作的多年经验，来佐证了自己的观点。在第二次演说中，他的很多论据都是根据自己真实的工作经验和背景理念，不再是从一些杂志文章中引经据典。

那么，怎样的题目才是合适的呢？如果它本身来源于你的生活，来源于你的经验，那么，这一题目肯定合适你。要寻找这一题目，从你的记忆里去搜寻那些给你留下鲜明印象的事即可。为此，卡耐基也曾对那些能够吸引听众注意力的题做过调查，发现最为听众欣赏的题目，都与某些特定的个人背景有关：

1.成长的历程

只要是与你的家庭、童年回忆、学校生活有关的题目，一定会吸引听众注意，因为你在曾经是如何解决困难、如何挑战自我的，最能引起共鸣。

2.为了出人头地所做的努力

这样的题目富有人情味，也是吸引听众注意力的最保险的题材。比如，你可以讲述自己在早期是如何为幸福生活努力

的，是如何创业的，是如何从事某种很有难度的工作的，你的事迹能给听众鼓舞，让听众燃起克服任何困难的决心，是富有正能量的。

3.嗜好及娱乐

这方面的题目得依据个人喜欢，如果你确实对某件事十分热爱，并且有着自己独到的见解，那么，通常来说，你不会出现什么失误，也是能把这一问题讲的十分有趣的。

4.特殊的知识领域

如果你从事某一领域的工作多年，那么，你可以说是此方面的专家，如果你用自己的工作经验来讲述某一问题，也是能获得听众信任的。

5.与众不同的经历

你有没有遇到过名人？有没有去过战场？有没有做过别人望而生畏的事？这些经验都可以成为最佳的讲话材料。

第 6 章
脱稿 TED，脱稿演讲能更趣味盎然

　　相信很多正在致力于提升演说能力的人都在学习 TED 演讲技巧，而我们发现，所有的 TED 演讲大师们都是脱稿演讲的高手，他们拒绝使用提词器，因为脱稿演讲更能迸发出他们的激情，更能带动听众的热情，不过，我们不得不说，与带稿演讲相比，它的难度要大得多，演讲者更容易在说话时出错，因此更考验演讲者的知识储备和语言表达能力。任何一个演讲者，要想成为一个演讲大师，都要注重脱稿演讲的练习，在抛开演讲稿的情况下，如果你依然能口吐莲花，那么，你一定能给听众留下深刻的印象！

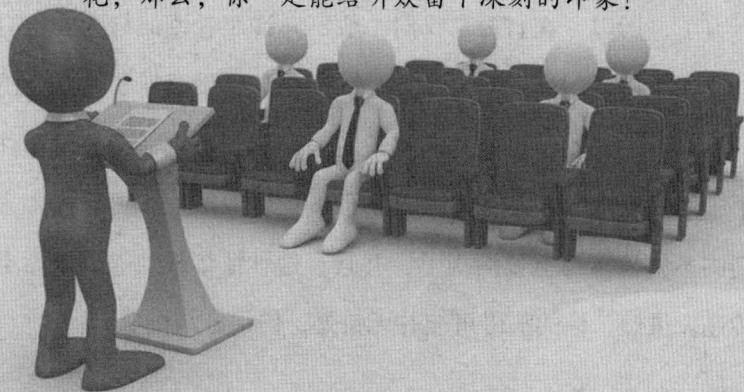

尝试脱稿，演讲最忌照念

我们都知道，演讲能训练一个人的说话能力。而演讲的形式有很多种，其中就包括脱稿演讲，与带稿演讲相比，它的难度要大得多，演讲者更容易在说话时出错，因此更考验演讲者的知识储备和语言表达能力。

任何一个演讲者，要想如TED演讲者那样拥有精湛的演说技巧，就要注重脱稿演讲的练习，在抛开演讲稿的情况下，如果你依然能口吐莲花，那么，你一定能给听众留下深刻的印象！

为此，TED演讲者建议所有演讲技巧练习者：千万别照着读，不要使用提词器。因为台下的人们很容易能看到你正在使用提词器，而一旦看到，他们就会对你疏远，认为你的演说太官方了，所以，在TED，我们一般不允许照着读的行为，也有一些人坚持使用提词器。为此，我们将屏幕设置在了观众席的最后面，一开始，可能这名演说者很自然，可说一会儿就愣住了，因为观众发现了他在照着后面的提词器照读，可想而知人们的不快情绪马上就涌现了，并且，这种情绪很快在观众席上传递。虽然，他的演讲可能并无错处，但评分却很低。

　　实际上，那些最受欢迎的TED演讲都是脱稿的。所以，对于任何演说者来说，进行脱稿演讲的训练，也能提升自己随时说话的能力。脱稿演讲与一般的演讲不同，做好脱稿讲话，不仅需要我们有出色的说话能力，还考验到我们的思维能力。在脱稿讲话中，假如一个人的说话内容和方式都是一成不变的，听众就会失去兴趣，即使他说话时多么委婉动听，听众也会昏昏欲睡。如果他讲话方式呆板僵硬，不仅达不到自己的演说目的，而且还会让听众觉得你是一个枯燥无味的人。

　　1984年4月27日，美国总统里根在人民大会堂发表了如下的讲话：

　　谢谢你，周培源博士，谢谢各位尊敬的女士和先生。今天，我很荣幸能够来到这里，成为有史以来第一位在人民大会堂向贵国发表演说的美国总统。

　　我和我的夫人一直盼望来世界上历史最悠久的文明古国之一的中国访问，同你们伟大的人民见面，一睹贵国历史宝库的风采。北京宽阔的大道使我们赞叹，贵国人民的待客热情，使我们深深感动。我们唯一的遗憾，就是这次访问的时间太短。看来只能像唐代一位诗人所写的那样"走马观花"了。但是中国的"汉书"里还有另外一句话叫"百闻不如一见"，南希和我深有同感。

　　这是一段美国前总理里根的即兴发言，里根一上来就向大

会主持人及全体听众表示了深深的谢意，对中国人表示高度的赞扬，对中国古老文化有深厚理解。从礼貌、礼节上讲，这都是十分必要的，这番话很快架起了里根总统与听众之间的感情桥梁。不得不说，这是一段极其精彩的脱稿讲话，同时，也可以看出里根作为领导者的卓越之处。

对于演讲者来说，脱稿讲话确实是锦上添花的技能，但需要我们掌握以下几大要点：

1.选择合适的话题

主题是任何演讲也包括脱稿讲话最重要、最关键的内容，是整个表达的根本依据。在脱稿讲话中，每一个层次、段落甚至是每个句子、每个词语都表达了某个意思，这些都是要统帅于主题之下的，因此，脱稿讲话要寻找触点，临场发挥，及时提炼新颖而典型的主题。当然，我们选择话题时不能故弄悬虚、故意兜圈子，也不能漫无目的地东拉西扯，否则会导致主题不明确，也使听众感到倦怠和不耐烦。演讲者必须心中有数，还应注意点染的内容必须与主题互相辉映，浑然一体。

因此，我们在主持会议、宴会的时候，应该处处留心，及时了解和掌握会议和活动的主题、议程安排、参加人员，这样才能在主持会议的时候做好脱稿讲话。你可以选择与主题相关的话题，或是自己比较熟悉的话题，或是听众喜欢的话题。

2.随时做好讲话的准备

我们无论出席什么会议，参加什么活动，都有被邀请讲话的可能，所以应该随时做好讲话的准备。美国著名的口才学专家卡耐基说："没有准备的讲话是信口漫话或叫信口开河。"脱稿讲话虽然没有发言稿，但并不等于不做任何的准备，而是要时刻准备着。

3.简单构思

一些即兴的脱稿演说，在准备时间有限的情况下，也要在开口前在大脑中做一个简单的构思，也就是整个演讲要说什么，开头该说什么，说明的主题分讲几个观点，把观点概括好，用关键词、关键句把它列出来；结尾怎么结，有点、有线、有骨架，那么简单即席发言就有了。

当然，只有那些有一定知识广度和深度的人才能在短暂的准备时间内从脑海中找到生动的例证和恰当的词汇，为脱稿演讲增添魅力。这就要求我们在日常生活和学习中加强自己的知识储备。

总之，脱稿讲话不但能够凸显演讲者的智慧、自信及应变能力，提升其个人魅力，塑造自身形象，也是其真抓实干、求真务实的一种体现。

切忌形式主义，脱稿演讲要注重内容

生活中，我们常听说"形式主义"这个词，它的含义就是不注重内容而仅注重形式。事实上，一些人在脱稿演讲的过程中，也总是走形式主义，他们会事先准备好一份演讲稿，然后背诵下来，在脱稿演讲时，也不顾听众的感受，自顾自地背诵完稿子，便认为自己做了一次精彩的演讲，实际上，这类形式主义、走过场的演讲，怎么可能引起听众共鸣呢？

事实上，任何一个TED演讲者，都十分注重自己语言魅力的锤炼。因为整个演讲只有18分钟，时间宝贵，演讲者如果说空话套话，那么，这种演讲是没有任何意义的。

然而，现实的演讲过程中，一些人不注重语言魅力，只注重形式主义。他们在说话的时候，枯燥无味，让下面的人听起来很难受，许多人深受其苦，甚至，有的人为了躲避听他说话，不惜请假、会上打瞌睡、玩手机游戏、频频借故出入会场。试想，如果听众反感你的讲话，那么，演讲又该如何进行呢？

有人讲了这样一段话："同志们，在改革的过程中，我们一定要旗帜鲜明地肯定那些应该肯定的事物，坚决否定那些应该否定的事物。我们不能只知道肯定应该肯定的事物，而不知道否定那些应该否定的事物；也不能只知道否定那些应该否定的事物，而不知道肯定那些应该肯定的事物，更不能够肯定了应该否定的事物，而否定了应该肯定的事物。我的讲话完了。"

这个讲话，等于没讲。

可见，有些人演讲，就是不会说实话，只会教条式地把一些话搬出来，显得空洞无味。领导没有必要把一些华丽而无实际意义的语言用到自己的说话中，毕竟说话并不是写优美的文章，你的说话重要的是要让听众明白你的意思，所以尽量多说实在话，少说一些冠冕堂皇的话。

或许有些演讲者会抱怨："不是我们想搞形式主义，而是不得不搞形式主义，脱稿演讲太难了。"其实，想要做好脱稿演讲有很多方法，完全没有必要依靠形式主义。

为此，我们要注意几点：

1.平时坚持积累和吸收优秀的语言养料，开口方能言之有物

杜甫有诗云"读书破万卷，下笔如有神"。意思是说只有通过不断的积累才能够笔下有物，不至于词语枯竭，思维阻塞。其实说话和写文章属于同样的道理，两者只是口述与用笔的不同罢了。目不识丁的人永远不可能口吐莲花，脱离了文学知识的修养，便不会有口吐莲花的口才，一切只能是不切实的幻想而已。缺少知识，就不会对事物有一个正确的见解，带稿

演讲已经十分艰难，更别说脱稿演讲了。

古往今来的实践证明，不断地在生活中为自己补充新鲜的语言信息，是提高语言素养永不枯竭的源泉。

而要提高语言知识养料，方法众多，日常生活中，你可以借鉴经典名家的演讲、大量阅读中外名著、与时俱进，在现实生活中学习那些有生命力的活语言等。

另外，在日常生活中，我们还应广泛地阅读。古人有言"家事国事天下事，事事关心"，那么要想成为一个关心天下事的人，就要进行广泛的阅读。从报纸、杂志、书本上了解社会动态、国家大事，通过对这些动态和变化的了解和思考，来提升你的分析能力和辨别能力。

2.事前充分准备

美国前总统林肯曾说过："我相信，我若是无话可说时，就是经验再多、年龄再老，也不能免于难为情的。"这句话说得十分深刻。

任何一场演讲，尤其是脱稿演讲，要想获得满堂彩，就必须做足准备工作。要知道，心中没有路子，脚下难迈步子，如果你心中无"货"，思想乏味，那么语言也同样乏味。

3.端正演讲动机

不要把目标定得过高，对于不切实际的期望要有客观的分析。如果把演讲的意义片面夸大，甚至把演讲与个人终生的成就、事业和幸福等紧紧联系在一起，那么，也只能落入形式主义了。

4.避免机械背诵演讲稿

逐字逐句地背诵讲稿，很容易在面对听众时遗忘，即使没忘，讲起来也会显得十分机械化。美国总统林肯曾说过："我不喜欢听刀削式的、枯燥无味的讲演"。背演讲稿对演讲者可能是一种必要的准备方式，但是，背诵依赖的是机械记忆，逐字逐句的记忆不仅会耗费演讲者大量的时间，而且容易形成演讲者心理麻痹。实际的脱稿演讲过程中，一旦因怯场、听众骚动、设备故障等突然发生，就容易出现"短路"现象。因而，在准备演讲中我们只要准备好大概的提纲，根据自己的语言、思路发挥更能打动观众。

5.注重语言魅力

我们不应该只重视讲话的形式，而更应该注重自己的语言魅力。讲话本身就是一门艺术，让自己的语言有特色，你可以适当地幽默、调侃，这样会使你的讲话变得十分有趣，令人感动，并且让听众能够牢牢记住你的讲话，感到你的魅力，受到你的鼓舞。

6.训练自己把握全局的思维能力

口才训练大师卡耐基强调："一个人的成功，只有15%归功于他的专业知识，还有85%归功于他表达思想、领导他人及唤起他人热情的能力，即其驾驭语言的口语表达能力。"一个善于脱稿演讲的人必定要有较高的思维能力。事实上，也只有那些具备较高的思想水平和政策水平的人，才能在自己讲话时高屋建瓴，并且从全局和事物发展的大势上把握问题、思考问题和解决问题，自然，他们也能够以自己的领导魅力征服听众。

因此，我们应在脱稿演讲之前准备好演讲的主体思路和大纲，然后根据自己的语言、思路来发挥，这样才能更好地打动听众。

语言大师林语堂有"语言的艺术"一说，意思就是，语言不是一般的工具，使用起来不同于其他工具。俗话说："锦于心而秀于口。"我们说话并非单纯的口舌之技，而是一种高度复杂的脑力劳动过程。脱稿演讲中，我们要想把话说到听众心里去，就要杜绝形式主义。

脱稿演讲前要做好九个准备

在演讲界，有这样一句话："不脱稿，无TED"，TED大会上，演讲者只有18分钟时间，因此他们会在会前做大量的准备工作，这样才能在大会上侃侃而谈，将自己的思想和理念分享给与会者。

中国人常说："磨刀不误砍柴工"、"工欲善其事，必先利其器"，做任何事，有备才能无患，脱稿讲话也是如此。在现实中，很多场合下的讲话都是经过精心准备的，比如开会时的侃侃而谈，之前都会在准备上下一番工夫。

有人曾问美国第28任总统伍德罗·威尔逊："准备一份10分钟的讲稿，得花多少时间？"他回答："两个礼拜。""那准备一小时的演讲稿呢？""一个礼拜。""如果准备两小时的讲稿呢？"，"不用准备，马上就可以讲。"因此，脱稿讲话中，要做到内容上的高度凝练，我们就要认真思考，做足准备。

可见，有备而言，选择词句表达自己的思想。具体来说，我们在脱稿讲话前，需要遵循"九个步骤"：

第一步：明确目的。

脱稿讲话的目的一定要明确，否则容易被听众误解，你的演讲目的必须要在主题中体现出来，而不要让听众猜测你究竟在说些什么。

第二步：分析听众。

常言道："知己知彼，百战不殆"。了解听众是做好演讲的前提。不仅要了解听众的爱好、职业、年龄、文化程度和意愿等，也要知道他们是主动来听还是被动来听。

第三步:收集材料。

一旦确定了讲话的主题，了解了听众的相关情况后，接下来就是要收集足够多的资料作为你的讲话素材。

收集材料的方法有很多，实地调查、阅读书籍或者通过网络查找，都可以成为我们做好资料收集的方式，记住，收集资料越丰富越好。

第四步：概括观点。

观点通常是一句或者几句简短的话，因此在表达观点时必须用尽可能短的句式概括出来，无论是讲话的题目还是一些分论点，都尽量不要繁琐，力求简洁明了。

第五步：列出提纲。

提纲是整个脱稿讲话的灵魂。无论是带稿还是脱稿讲话，都需要提纲，不同的是，脱稿讲话的提纲越精炼越好。也就是说，对于你的演说目的，你可以分成几个层次，按照一定的内在逻辑关系进行组织和排列，这能让我们的讲话更令人信服。

第六步：添加论据。

对于我们手头已经收集到的资料，我们要根据自己讲话的目的进行筛选，以此服务于脱稿演讲，使我们的语言形象鲜明、有深度和广度，更有说服力。

第七步：设计好开场白。

演讲的开头，在通篇演讲中处于领先的特殊位置，在演讲者和听众之间架起一座沟通思想情感的桥梁，为演讲的成功开辟道路。好的开头，是成功的演说的一半，能为全篇演讲定下基调，是庄重严肃，还是喜庆欢快，抑或诙谐幽默，往往一开始就给人以清晰的印象！

第八步：准备好必须的展示物。

这样做的目的是为了让听众更好地理解我们说的话，以此加深听众的理解，但我们需要明白的是，展示物不是非要不可，可以根据讲话内容的需要，不可勉强。

第九步：控制好时间。

脱稿讲话是无讲话稿约束和限制的，也很容易使讲话者陷入侃侃而谈而忽视时间的境地，为此，我们在做准备工作时要有时间概念。

如果你要陈述的部分真的很多的话，那么，最好的办法是在演讲结束的时候再做一个简单的概括。

一天，卡耐基去拜访一家公司的总经理，但是当卡耐基到达那里的时候，他看到这间办公室的门牌上写的是其他的陌生的名字，卡耐基便询问这家公司的人事组长，刚好此人是他熟识的一个老朋友，他说"他的名字坑了他。"

"他的名字？"卡耐基吃了一惊，不知道什么意思，于是，继续说，"他不是掌管这家公司的董事之一吗？"

"我说的是他的绰号，你大概不知道他的绰号叫'他现

在在哪里'吧，在我们公司，大家叫他'他现在在哪里·钟斯'。他担任总经理职务不久就被这个家族换掉了，因为他虽然是总经理，但却总不肯花心思去研究公司的业务和运转情况，他经常这里窜一下，那里窜一下，一天到晚跑来跑去，比如，在他看来，研究一场买卖远没有去速记员那里拿张纸重要，所以，他几乎很少在办公室，也就有了'他现在在哪里'的绰号。"

"他现在在哪里·钟斯"这个人其实与生活中的不少演讲者很相似，这些演说者之所以不成功，就是因为他们和钟斯先生一样，总是想去包揽更多的事。假如你也曾听过他们的演讲，估计你也会听着听着有'他现在在哪里'的想法。

我们也要承认，一些有丰富演讲经历的人也会犯类似的错误，可能是他们有多方面的才华，以至于他们根本看不到精力分散的危险，但我们不能像他们一样，而应该在脱稿讲话的时候紧扣主题，控制时间。

那么，如何计算自己的讲话时间呢？在此提供一个参考数据：正常语速讲话每分钟200字左右。按此算法2分钟可讲400字的内容，3分钟能讲完600字的内容。结合自身的情况，可根据你说话的速度酌情增减。

做好预讲，反复练习才能发挥更好

我们都知道，脱稿是 TED 演讲的一大特色，也是其成功的原因之一，然而，脱稿演讲并不是说不需要准备，相反，越是脱稿，越需要充分的时间，TED 上最令人难忘的一个讲者是吉尔伯特·泰勒，一位得过中风的大脑研究员。她分享了自己在这 8 年的大脑恢复期间所学到的东西，在仔细雕琢并一个人练习了数十小时后，她又在一个观众面前演练了十几次以保证她的演讲可以成功。

的确，脱稿讲话比带稿讲话难度大得多，并且，脱稿讲话更需要我们在讲话前做足大量的准备工作，包括材料的收集和选择、思路的整理、列讲话的大纲等，可以说，这些都是书面文字或思维活动，而真正的演讲是口语化的，为此，我们就必须通过预讲来熟悉讲话的节奏与语气，熟悉总体思路与框架。惟有如此，才能尽可能多地减少脱稿讲话过程中的思路阻滞，在讲话中发挥得更好。

可能有些人会说，事先练习是不可取的，尤其是对于脱稿讲话，更注重的是即时性，因为在演讲时会显得不自然，只有第一次从口中流出的思想才有新鲜感。其实，这是肤浅的说法，要想真正使话说得自然，就要练习，而且要不止一次的练习。不得不说，一些人只是在去演讲的路上才草草地将讲话的

主题思考一遍，他们不会显得自然，只会显得毫无准备。我们先来看下面两个故事：

德摩斯梯尼是古希腊著名的演说家，在他的演讲生涯中，他一直比较重视预先练习。

曾经有次，为了学习演讲技巧，他下定决心，在没有达到目标之前，绝不出门。并且，他还剃光了自己的头发。等到头发重新长出来，德摩斯梯尼走出地下室，成为了一个造诣颇深的演讲家。

又比如，曾任微软全球副总裁的李开复先生，在刚开始演讲时，他要求自己每月坚持两次演讲，并且，每次都要请一个朋友去旁听，之后给他提出意见。他对自己承诺，不事先排练三次，决不上台演讲。

从以上两则故事中，我们可以看出预演对脱稿讲话的重要性，可以说，预讲是脱稿讲话最重要的准备工作之一。现在，如果你已经完成了演讲稿，就可以进行预讲了。

依据一般经验，台上演讲一分钟需要你在台下付出一小时的练习时间，要训练自己适应在不同的环境和不同的时段练习演讲，同时运用不同的演示技巧。

预讲可以从以下几个方面入手：

1.大声地念出你的稿子

我们所说的脱稿讲话，并不是说我们完全不需要稿件，事实上，事先借助稿件练习效果更佳。为此，在准备说话前，你可以先准备一盒磁带，然后边讲话边录入，这样便于调整，纠正一些问题，直至满意，再来做第二步。

2.站立着讲话

在写字台前反反复复地读，与站立着讲话是有千差万别的，因为前者只能算作某种准备，而不是实战演讲。另外，站立着讲话，也更能让你获得自信。

3.准备演讲大纲

即使你在准备演讲稿时已经解决了大量问题，你还是不能照本宣科!因为没有什么会比这样更快地让听众睡着了。你应该直接、自然地面对听众，保持与听众眼神的交流。秘诀是准备简单的演讲笔记，字体要醒目，以便在你演讲的过程中快读地扫视。在讲台上放一块手表，这样便于掌控时间，把握速度，调整内容，让你准时地结束演讲。

4.录下你的"即兴"演讲

回放你的录音带，找出重复使用的词，如"啊"或"呃"等。反复修改演讲内容，直到满意。

5.控制好你的演讲时间

我们都知道，18分钟是TED演讲的一大特色，所以，演说者在练习时都是按照这一标准。我们在日常的练习中，也要计算出演讲所需要的时间，再看看它是否过长或过短。大部分演

练的时间都比正式演讲时要慢，一般来说，演讲时间要比演练时间快25%—50%。

6.尽量在众人面前练习

这样做的好处是让你减轻在实际脱稿讲话中的紧张感。你可以找几个熟悉的并且有见解的人，让他们对你的演讲给出建设的意见或批评，而不是赞扬。当然，你需要明确的是，他们明白你演讲的内容吗？你讲的内容有连贯性和逻辑性吗？他们认为你讲的速度是快还是慢？然后根据他们的意见来进一步修改讲话的内容。做上述准备你可能觉得很麻烦，但是，每个成功的演讲人都是这么走过来的。

另外，为了锻炼自己脱稿讲话的能力，在日常生活中，你应该努力珍惜每一个能在众人面前说话的机会，那么，如何才能做到这一点呢？

最简单的方法就是你去加入一个俱乐部，在俱乐部中，有很多的练习当众说话的机会，你可以变得活跃点，多去处理一些俱乐部内部的事物，要知道，这些动作都是要四处求人和展现你的说话能力的。

你应该充分记住我们前面谈到的种种建议，并在开始演说前进行二十到三十分钟左右的预演，并尽量让俱乐部的每一个人都知道你在准备对他们进行演说。

还有一个更能让你快速获得杰出的表达能力的方法，就是想方设法成为一名兼职的节目主持人，你会有很多的访问优秀人物的机会，并担任向他们介绍的任务。

戴尔·卡耐基在总结成功的演讲经验时说过："一切成功的演讲，都是来自于充分的准备。"的确，脱稿讲话也是如此，没有准备，就是准备失败，时刻注意收集素材，时刻在生活中练习，时刻准备发言。只有这样，才能确保讲话取得更好的效果。

总之，预讲可以减缓我们的紧张不安，提高讲话效果，帮助我们预控演讲时间，并使内容能更加精炼。

如何消除脱稿演讲中的紧张心理

有人曾研究，自30年前第一届TED大会以来，跨越各领域的演讲者，如政治家、音乐家和演员，在观众面前表现得要比不知名的学者、科学家和作家更从容，后者在演讲时往往会感到极不自在。那么，为什么会有这样的现象呢？研究者称，很大的一部分原因在于前者在演讲时的紧张心理。相对于普通的带稿演讲来说，脱稿演讲更考验我们的思维能力、语言组织能力等，而如何消除脱稿演讲中的紧张心理，成为很多演说者苦苦寻求的难题。

英国前首相邱吉尔曾说过一句经典的话："你能对着多少人当众讲话，你的事业就会有多大!"可见，当众讲话是不可不学的一课。

然而，令不少人苦恼的是，人们对于当众讲话都会有不同程度的紧张感，所以，我们一定要突破当众讲话让我们感觉到紧张的心理障碍。美

美国成人教育家戴尔·卡耐基先生毕生都在训练成人有效地说话。他认为，成人学习当众讲话，最大的障碍便是紧张。他说："我一生几乎都在致力于帮助人们克服登台的恐惧，增强勇气和自信。"

曾经在美国有一个调查，人类的14种恐惧中，排在第一位的恐惧你知道是什么吗？是当众说话！在一群人面前说话真的有这么恐怖吗？可能你也有这样的经历，学生时代，你活泼开朗，和同学们打成一片，但只要老师让你上讲台朗诵课文，你就面红耳赤，甚至结结巴巴。爱默生曾经也说："恐惧比其他任何事物都更能击败人类。"即便是那些演讲大师，也会紧张，只是在逐渐的努力中，他们克服了恐惧。

相信不少出色的演讲者也都有过这样的经验：在脱稿演讲时，会因为紧张而造成口误，甚至说话语无伦次。这些人之所以能成功，也并不是因为他们在多次的演说中都能消除紧张，而是因为他们善于把紧张的程度控制在最小的范围之内。试

想，如果一个演说者连这基本的心理调节都不能做到，又谈何说服听众呢？

所以，我们可以说，在演说中，尤其是难度更大的脱稿演讲中，出现一些负面心理也是在所难免的，但如果你能在演说中做好心理调节，在关键时刻，具备足够的勇气和信心，同样能以言辞动人。那么，演说中，我们应该怎样舒缓神经、消减紧张情绪呢？

1.积极自我暗示，进而淡化心理压力

你不妨以林肯、丘吉尔这些成功的演讲者为榜样，他们的第一次演讲都是因紧张而以失败告终的，并在心里作自我暗示：紧张心理的产生是必然的，也是不能避免的，我不该害怕，我只要做到认真演讲，就一定能取得很好的成绩！抱着这样的心理，你的紧张心理会慢慢缓解下来。

2.事先应做好充分准备

准备充分，自然能自信上场。为此，你不妨做到以下几个方面：

（1）做足资料收集工作，吃透你要讲话的主题。

（2）将口语和态势语设计得更精细一些，表达起来更有把握一些。

（3）多进行几次试讲，让周围的朋友或者熟人多提意见和建议，及时修改，以便掌控演讲的时间、找出演讲中的不足等。

另外，如果你是初次演说，还可以早点到会场，熟悉会场环境、音响效果、噪音指数、光线强度等，了解观众的大体情况，如观众的人数、文化程度、年龄、性别等，甚至可到听众中间去找人聊聊。做到这些，你会发现，其实，演说不过就是一场一人对多人的谈话而已，这样，在正式演说时，就能消除陌生感。

3."漠视"听众，不必患得患失

法拉第不仅是英国著名的物理学家和化学家，也是著名的演说家。他在演讲方面取得的成功，曾使无数青年演讲者钦佩不已。当人们问及法拉第演讲成功的秘诀时，法拉第说："他们（指听众）一无所知。"

从此，这句格言就作为法拉第的演讲秘诀而流传于世，对不少演说家的成长产生过不小的影响。这里，法拉第并没有贬低和愚弄听众的意思。他说的这句话只是启示演说者，必须建立演讲获得成功的信心。

可能有些人在演说的时候，会害怕听众听出自己的小失误，不少演讲者对听众作了过高的估计，害怕听众能听出自己的小失误，其实，你大可不必有这样的想法，因为，你要知道，你对演说内容的熟悉，超过了在场的任何一个听众甚至专家，"他们一无所知"就意味着你根本没有必要去担心听众知道你在演说的某个地方出了问题，你完全可以放心大胆地去讲，即使讲错了，只要你能随机应变，不动声色地及时调整，听众是听不出来的，何况，即使高明的专家听了出来，也只会暗暗钦佩你的灵活机智，对你会有更高的评价。

所以，你不妨转移一下自己的目光，把注意力集中在演讲的要点上，而不是听众的名气、地位等，减少心理压力，但又要考虑听众的需要，并同时以听众的接受愿望和接受程度为出发点，这才是真正的"目中无人，心中有人"的做法，也只有这样，才能在增强自信、自我放松的同时，吸引听众，赢得掌声。

第 7 章

态势语言，如何让演说无声胜有声

　　生活中，我们很多人都需要当众讲话，也就是演讲，而良好演讲效果的获得，不仅需要我们掌握一些演讲技巧，更需要我们从非语言的角度进行练习，比如修炼打动人心的肢体语言、平易和善的微笑等，事实上，每一个TED演说者都是善于运用态势语言的高手，他们不但能"讲"，更会"演"，他们善于在举手投足间为自己的演讲加分，同样，我们也要掌握这些技巧，做到让演说无声胜有声，用无声语言感染听众！

常用手势，让演讲更具说服力

我们都知道，人们在说话时，都会情不自禁地做出一些手势，而在公共场合演讲，人们更是少不了手势，这样，我们的讲话才显得更为自然和轻松。所谓演讲中的手势，顾名思义，指的就是演讲者在讲话时手部动作的姿势。演讲的过程，其实就是说者与听众进行思想和观点交流的过程，与一般的交流活动不同，演讲不仅要"讲"，还要"演"，"演"就是一种演示，大多数时候，我们不需要演示的道具，只需要依靠自己的手势，就能巧妙抓住听众的心。

事实上，我们不难明白的是，在人类所有的肢体语言中，产生肢体语言最多的应为手。而且，手部动作的幅度也是最大的。在人类的进化过程中，双手是起着不可代替的作用的，它甚至推动了人类的进程。

在TED演说中，经济学发展专家埃内斯托·思罗力曾分享了他在赞比亚教当地居民种植西红柿的经历，以及从中领悟的道理。他在演讲过程中配合语言而使用了不同手势，每个手势都很有力量，让人感觉很真诚。

早期马列主义宣传家叶·米·雅罗斯拉夫斯基曾说："演

讲者的手势自然是用来补充说明演讲者的观点、情感与感受的。"演说中，自然而安稳的手势可以帮助演讲者平静地说明问题，减少紧张感，富有变化的手势则可以增强语言的表现力。

那么，在演讲中，我们可以运用哪些手势呢？

我们总结出四类：

一是指示手势。

虽然这类手势所表现的都是真实的形象，但是将其具体划分后会发现，还能将其分为实指和和虚指两大类。

实指指的是演说者手指所指向的方向，而且是听众眼神所能及的，一般演说者会说"这里"或"那边"、"这边"或"上面"、"这些"或"这一个"等。

虚指指的是演说所无法看到的，比如是指演讲者和听众不能看到的。比如"在很久很久以前"、"在遥远的地方"。常用虚指可伴"他的"、"那时"、"后面"等词。相对来说，指示手势更多传达事实，不带过多的感情色彩。

二是模拟手势。

演讲者可借用手势来表述一些形状，为的是让听众展开想象，进而对你描述的事物更形象，比如，说话时，你想表达一个梨子的形状，此时，你可以用双手合抱，以此来引导客户去想象。

三是抒情手势。

这种手势表达的感情很浓厚，也是运用得最多的，比如：伤心时掩面哭泣；急躁时搓手；兴奋时拍手称快等。

四是习惯手势。

我们每个人在行为上都有自己的一些习惯，也就有了惯性手势，而且，每种手势的含义也不明确、不固定，随着演讲内容的不同而体现不同的含义。

另外，有以下四种手势也是我们在演讲中要避免的：

双臂下垂，但是双手交叠位于体前：这是胆怯的表现。

双手插进衣服口袋里：这是消极或者不感兴趣的表现。

双臂下垂，但双手背在身后：这是一种有所隐藏的表现。

双手放在腰上：这是一种挑衅的表现；双臂交叉：这是一种消极的，具有挑战性的姿势。

演讲中，如果听众出现以下动作，表示对你所说之话抱有消极的态度：

1.当你兴致勃勃地表达自己的观点时，对方却不时地抓耳朵，表明他对你的话已经不耐烦了，他希望你打住话题，也可能他希望你能给他一个表达的机会。

2.如果与你交谈的是一个群体，当你说话时候，他们多出现了交叉双臂或用手遮嘴的动作，则表示他们根本不相信你的话。

3.说话时用手搔脖子表示人们对所面对的事情有所怀疑或

不肯定。

另外，从演说者的角度看，为了获得听众的信任，产生积极的谈话效应，我们可以尽量做出以下动作：

1.说话时，尽量手心朝上，因为这一动作所传达的信息是：我是坦诚的、不说谎的。

2.摊开手掌更易赢得他人的信任，但如果这是你的习惯性动作，那么，就不灵了；

3.握手时掌心向上，并垂直与对方握手，能表明你性格温顺，为人谦虚恭顺，愿以彼此平等的地位相交。

演讲的手势可以说是"词汇"丰富，千变万化，没有一个固定的模式，作为一个出色的演讲者，平时要认真观察生活，刻苦训练，积极付诸实践。

当然，演讲中，运用任何手势都贵在自然，切忌做作；贵在协调，切忌脱节；贵在精简，切忌泛滥；贵在变化，切忌死板；贵在通盘考虑，切忌前紧后松或前松后紧。

在演讲中，我们运用恰当的手势辅助讲话，不但可以引起听众注意，还可以把思想、意念和情感表达得更充分、更生动、更形象，从而给听众留下更深刻、更鲜明的印象和记忆。

挺直腰板，展现你的良好形象

可能我们都有这样的感受，在开会或者一些公共场合下，一些人即便端坐在最鲜艳的位置，但听众还是对他们所说的话提不起兴趣，甚至昏昏欲睡；也有一些人，他们笔挺地站在演讲台上，慷慨激昂地陈述着自己的观点，听众也被他们的情绪所感染。造成这一迥然不同的现象的原因当然是多方面的，但我们不得不承认的一点是，讲话时挺直腰板，往往更能彰显说话者热情，同样，在演说的过程中，演讲者只有站立着、挺直腰板才能产生心理优势，更易让自己产生强大的气场。

曾在TED大会上演说的美国前国务卿鲍威尔是一个气场强大的人，无论是讲话还是走路甚至是外表都给人一种领导者的态势，并且，他会训练他的士兵们也有这种气场。

他在演讲时，会问他们问题，或者请一名学生走到前面，让他像士兵那样立正站好，双臂笔直地贴在身侧，抬头挺胸，直视前方，大声讲话。

学生们乐在其中的同时，内心也会受到启发，感觉自己变得更加自信，准备好迎接挑战。如果你这样训练自己，演讲时一定也会有不同的感觉。

然而，在现实的演讲中，一些人总对别人采取躲避态度，他们总是表现出一幅毫无精神的状态，要么想寻找"一把椅子"，要么疲软无力，这类人是很难在演讲中成功影响听众的。你要想克服这一点，首先就要大胆站起来，并挺直腰板，让听众看到你的魅力！

那么，什么是心理优势呢？心理优势是一种内在自我的空间延伸，直接决定了一个人对周围人的影响力。尤其在近距离接触的一切场合。你是一团火，旁边的人便感到热；你是一块冰，旁边的人便感到冷；你是一缕春风，旁边的人则感到舒适怡然。故我们要在人群中活得自由快乐，便首先要使自己具备一定的心理优势。

下面有两个实例：

某天上午，某班上了两堂课。

第一堂课是贾老师的数学课：贾老师是个资深教师，上课时他喜欢先带一把椅子，然后坐在讲台上，除了必须要在黑板上写字的时候，他才站起来。他的这种授课习惯导致很多学生昏昏欲睡，对此，贾老师很愤怒。下课后，老师把学生叫到办公室，说；"我看你实在太疲累了，眼下高考在即，你必须调整好自己的状态。这样吧，老师让你干脆回家好好休息几天，再精神饱满地投入学习。"学生自然不肯，老师坚持，学生只有流泪无语。

第二堂课是王老师的语文课：她走进教室时，自己先把椅子搬到讲台下面，然后开始上课。课上，她看见黑板没擦，就

主动擦黑板，边擦黑板边讲课，并对学生们说："今天的值日生可能太困了，今天老师替你值日了啊。"说完，同学们都笑了，那个打瞌睡的学生也醒了。随后，这堂课上，王老师因为发现同学们学习的氛围都不高涨，于是，她便在教室里边走动边讲课，打瞌睡的学生们也一个个清醒过来了。

这两个例子很有趣，值得我们探讨。经过对比，我们发现，一个老师在上课时的姿态直接关系到学生的听课情绪，站立、走动着为学生讲课，更能带动课堂教学气氛和学生学习的热情。因此，作为一名教师，如果能改变一下自己的授课方式——多站立着授课，那么，就能有效地解决学生在课堂上昏昏欲睡的现象。学生的学习热情提高了，他便能做到不旷课，不迟到早退，上课安安静静。

的确，挺直腰板说话，能创造心理优势，但并不是所有的人都做到"站如松"、体现出自己的精气神，甚至有些人一站到众人面前，便畏畏缩缩，不知从何说起，这对演讲效果是极为不利的。为此，你还必须做到：

1.底气十足，营造有利于自己的演讲气氛

有些人，既想在众人面前谈论自己的观点，又怕被别人耻笑。于是，在这种左右矛盾的心理影响下，他们事先虽想好了许多话，可是一站在生人面前就全忘了，大脑彷佛一片空白。另外，当我们唯唯诺诺地站在对方面前的时候，人家也会认为我们心里没底，自然不愿与我们交往。而假如他们在演讲前，先调整好自己的心态，主动营造出一种有利于自己的演讲氛围，那么，或许又是另外一种情况。

2.时刻保持良好的社交礼仪

中国是礼仪之邦，万事以礼相待，一个懂得礼数的人会做到"坐如钟，站如松"，由内而外散发出吸引人的气质，这类人往往也不缺朋友。

总之，演讲中，挺直腰板说话能为我们创造心理优势，让听众看见我们的良好素质和修养，从而愿意接纳你的观点。

用眼睛说话，注重与听众的无声交流

相信每一个致力于演讲学习的人都知道TED演讲，那么，TED演讲为什么能够风靡全球？为什么不超过18分钟的演讲，平均点击率却超过百万次，最高的甚至超过2500万次?在研究TED演讲的秘诀时，美国作家杰瑞米·多诺万曾说："一个好的演讲，它的带入感非常重要，它能调动起听众、观众的生命体验。"我们可以说，每个TED演讲者都做到了这一点，在众多的演说技巧中，TED演讲者尤其注重用眼神与观众交流，因为他们深知，眼神交流能带动听众热情。

　　的确，人类是一种视觉动物，人际交流过程中，眼睛是仅次于语言的重要工具。人与人之间除了需要语言的交流，眼神的交流是必不可少的。

　　有的心理学家认为：相对于有声语言来说，无声语言所显示出来的意义有时候要丰富得多，也更深刻。心理学研究表明：在人的感官印象中，77%来自眼睛，14%来自耳朵，视觉印象在头脑中保持时间超过其他器官。英国有一句古老的格言说："你说话内容的有无并不重要，重要的是你的表达方式。"由此可见，眼神传达在讲话有多么重要。像演讲这样短而集中的情感表达，怎么可能少得了眼神的参与呢？

　　曾经有个叫詹姆士的建筑家，他发现了一种可以防止偷盗行为的方法，并且，他将这种方法应用到工作中：他画了幅皱着眉头的眼睛抽象画，镶于大透明板上，然后悬挂在几家商店前。

　　如他所料，在那段时间，城市的盗窃案少了很多，当警务人员问其原理时，他说："我画的虽然并不是真正的眼睛，但毕竟做贼心虚啊，他们看到眼睛，必然会极力避开该视线，以免有被盯梢的感觉，因此，便不敢进商店内，即使走进商店里，也不敢行窃了。"

　　这就是眼神的力量，那些小偷看见的虽然是假的眼神，可是有种心虚的感觉，因此，都想极力避开该视线，所以要解读一个人的内心世界，从视线入手最好不过。

英国第40任总统里根出身演员，拥有高超的表演技巧，每次演讲都能充分运用目光语，他的眼睛有时像聚光灯，把目光聚集到全场的某一点上；有时则像探照灯，目光扫遍全场。因此有人评价他的目光语是一台"征服一切的戏"。

的确，在人类的面部表情中，眼神是最为微妙复杂的，不管是用眼神表达信息，还是准确地理解别人的眼神所表达出来的信息，都非常困难。所以，在演讲中，与听众的视线的交流是沟通的前奏。

那么，在演讲中，我们该如何与听众进行眼神交流呢？

1.尽量看着听众说话

看着听众说话的好处在于：能使听众看到你的目光，看到你内心的真情实感。一个优秀的领导，无论是脱稿演讲还是不脱稿演讲，都不忘和听众的眼神交流。而实际上，一些领导者，在演讲的时候，或为了显示自己的领导地位，或因紧张所致，他们或仰视天棚，或俯视地板，或左顾右盼，东张西望，躲避听众的目光，显得很不庄重，很不礼貌。

当然，看着听众说话，并不是说你应一味的直视，或者眼睛滴溜溜乱转，而应该将两眼略向下平视，目光自然、亲切、专注，以吸引听众的注意力。

而如果你是一个初次登台讲话者，在众人的眼神压力下，你可能会感到不安，不敢看听众递来的眼光，那么你可以用目

光虚视法，眼看着台下听众，却不把眼光停留在具体的人身上，做到"眼中无听众，心中有听众"。千万别因为紧张便不看听众，这样更会暴露你的紧张。

2.多和听众的目光构成实在性的接触

看着听众说话，有扫视和实看凝视两种。两者都是需要的。在讲话之初，或讲话之中，不妨有几次遍及全场的扫视，但绝大多数时间都应该凝视，这也就是实质性眼神接触。这样做，不仅能在无形中加深与听众间的关系，而且我们可以通过察颜观色，于细微处接收到听者的信息反馈，掌握听众的表情和心理变化，以便随时调节演讲的内容，改善讲话的方法。

演讲时，眼光一般应正视，并要适当地配以扫视和环视，这样既显得庄重，严肃，又照顾了全面。不要冷落了任何一个角落里的听众，演讲时你的眼光不要老是盯着某几个人或某一小块地方的听众。目光停留时间过长、过多，也容易让人感到不自在，也让其他人觉得你仅是对着一小部分人演，厚此薄彼最易失去听众。

3.眼神的运用应丰富多彩

眼神的传递，旨在与听众交流情感，进行有效的信息传播。但不同的讲话内容、不同的受众、不同的场景等，所要传达的眼神是不同的，眼神的运用自然也是丰富多彩的。如果演讲者总是一种无动于衷的眼神，就会给听众一种麻木、呆滞的感情，那就无法使听众"提神"、凝思。

总之，演讲中，我们与听众的眼神交流非常重要。很多时候，眼神是无法掩饰的，因为眼神往往更能真实地表达出一个人的品质、修养以及心理状态。演讲时如果你能在你的眼神中注入情感，听众将更易被你感染。

生动的肢体语言，让你的演讲更精彩

所谓"演说"，顾名思义，不仅要"说"，还要"演"。任何一个需要演说的人都明白，站在台上讲话与在台下讲话毕竟不是一回事，站着讲与坐着讲，感觉又不一样。站在台上，你的一举一动都会对听众产生重要影响。可能一些人会认为，只要尽力控制住自己，在台上不哭不笑，不走不动就不会出现什么问题了。其实不然，这样你就成了一具会说话的木偶，这样的演讲，只能让听众觉得可笑。

我们发现，TED大会上那些演说者，不但在自己所在领域内是佼佼者，在演讲中，他们更是富有活力和精神抖擞的人，他们具有爆发力，可把内心的情绪迸发出来。比如，2012年TED大会演讲嘉宾在演说时用手势强调他的每一句话，令他的观点和案例更具说服力。在演讲中，他甚至没有使用幻灯片，

因为他根本不需要，手势就能装饰他的言语。他的台风威严却充满活力。

TED演讲大师们总结出三点运用肢体语言的经验：第一，双手自然下垂；第二，手势一定要有，但不能过度；第三，表情配合内容，眼神与观众交流。

因此，如果你想让你的演说更精彩，就不要忽视肢体语言的力量，在演讲的时候就不应该单是报告一些事实，还该把自己的肢体语言注入到你的演讲中，只有这样，才会真正打动听众。

生活中，我们通常会以为交际的技巧在于口头语言上，而实际上，这只是人们的主观感受，事实并不是如此。人们使用最频繁的是非语言的交谈方式，这就是人们常说的"肢体语言"，它通常是在说话之前就已经表达出了我们的感觉和态度，反映了我们对他人的接受度。演讲中也是如此，我们一定要注意肢体动作的利用。善用肢体语言，能拉近我们与听众的距离。

在演讲中，具体来说，我们可以尝试使用这些肢体动作：

1.偶尔张开你的双臂

这是一个热情的动作。可以想象，当你遇到某人的时候，如果他交叉双臂站着或坐着，说明他很冷漠，一点也不高兴。因此，当你交叉双臂站着或坐着时，你给他人的感觉是：你不愿意交谈，你有防备心，你将自己封闭起来。手捂着嘴（或手捂着嘴笑）或支着下巴的动作表明你正在思考。反过来，你也可以想象一下，如果是你，可能也不会打扰一个正在深思的人吧。另外，如果你双臂交叉，那么，你自身也会显得局促不安，从而让他人也不愿意靠近你，因为在与你交谈的时候，他们也会感到不自在。

所以，演讲中，如果你想向听众表达出你的热情，就张开你的双臂，即便看起来有点夸张，也比交叉抱着双臂要好得多。

2.讲话时身体微向前倾

当你站在演讲台上讲话的时候，身体微微前倾，这表明你热衷于你所演讲的话题，也是对听众的尊重。

3.带着笑脸演讲

美国前总统里根的演讲便发挥了微笑的作用。演讲开始之前，里根总是先微笑示人，让人倍感亲切，给大家留下一个极好的印象，演讲过程中也处处让人感动到平易和善，而非高高在上。这样的总统作风自然受人欢迎。拉近与他人距离，最有效的方法莫过于以微笑示人。

除了以上三点外，我们在演讲台上该怎样站，怎么看，甚至细化到一个眼神、一个动作都是重要的问题。懂得恰当地运用体态语，熟悉一些表演艺术，是使演讲者能在台上轻松自然

地演讲的必要前提。

总而言之，体态语是演讲表达的重要方式之一。它不仅有效地帮助你传情达意，使你站在台上不至于太呆板，还能塑造你的形象，给听众留下深刻印象。

得体穿着，展现你的自信

我们都知道，演讲是一门语言艺术，演讲者也是千种模样，有可能是口若悬河的法庭律师，也有可能是热情奔放的公关人士；有可能是精神奕奕的老者，也有可能是生机勃勃的学生，职业不同，年龄有别，表现出来的举止修养也不一样，但无论是谁，在演讲前都要做好充足准备，其中就包括穿戴。

每年的TED大会，前来参加的都是各界的精英，为这些佼佼者们演说，需要高度的自信和强大的气场，因此，演讲者自然会十分注重自己的穿戴。

当然，我们说的得体的穿戴，并非是千篇一律的西装皮鞋，个性的演说者也可以根据自己的喜好进行选择。

现在，我们来想象一下，一个有刺青、满身大汗的壮汉，戴着一顶牛仔帽，穿着一条皮裤，来到了演讲台上，尽显王者风范，而这个人就是前职业摔跤手麦克·金尼，他认为"你比自己想象得更强大"——你只要找到自身的特点然后发扬光大。多年来，金尼发掘自身特质并创造出一个完美的摔跤人物，牛仔"鳄鱼"麦格劳。

在TED大会上，他侃侃而谈，犹如和听众进行了一场有趣睿智的谈话，他将擂台的智慧运用到日常生活中，向我们分享如何更自信地生活以及如何发挥潜能。

可以说，得体的穿戴会让你在演讲中自信满满。得体、有品位的服装能给别人良好的第一印象。因为人们对他人的印象很大一部分是视觉上的，这就是"三分钟印象"。如果演讲者不太在意打扮，蓬头垢面，肮脏邋遢，就会让听众产生视觉上的不适感，也就会对他的演讲嗤之以鼻，但如果装束又过于华丽，过于时髦，花哨俗气，过度"美化"自己，也叫人不能接受。那么，什么是得体的演讲穿着呢？

我们先来看下面一个故事：

从大学毕业以来，小王就一直在这家小公司做销售。虽然自己的业绩一直不错，但小王一直认为自己可以有更好的发展，于是，他经常抱着骑驴找马的心态，在工作的同时，还给其他大公司投简历。终于，他投出的简历有了回应，这不，一家跨国大公司的人力资源部门给他打了电话，让他第二天去面试。不过这家公司面试的形式是演讲。

第二天一大早，小王就来到了这家公司，他是有实力的，

三年来的工作经验早已将他磨练成一个能说会道的人，他的演讲让在场领导频频点头。

但最终的面试结果却让小王感到很意外，小王并没有竞聘成功，董事长选择了另外一个男士。

小王当然很苦恼，但他更纳闷董事长为什么没有选择自己，因为明眼人都能看出来小王无疑是其中最优秀的。为此，小王好奇地找一个面试官询问原因。面试官很惋惜地说："其实，你各个方面都非常符合我们的要求，但是，您在仪表方面略有欠缺。要知道，我们是跨国公司，需要打交道的都是高级商务人士，每个员工都代表了我们公司的形象，所以董事长还是选择了仪表方面比您好的那个应聘者。"

听到这里，小王更不明白了，他说："可是，我已经非常重视形象了啊，您看，我身上穿的西装是特意去商场买的，花了我两个月的工资呢！"面试官笑着说："我知道您的西装是刚买的，因为您忘记把袖口的商标拆下来了。不过，我个人认为，您如果能够给这身高档西装再配一双好的皮鞋，那就更好了。要知道，皮鞋才是着装的细节，能够暴露您的着装习惯和品位。"

在这个事例中，准备充分的小王为什么没有应聘成功呢？问题还是出在了鞋子上，从面试官的话中，我们可以看出，即使小王穿了一身新西装，但却没有一双新皮鞋与之匹配，虽然他上了鞋油，也磨得油光锃亮，但是鞋子难免有些松懈，失去了挺拔俊朗的外形。

不得不说，现代社会，人们的服装文化趋于多元化，个性的着装风格日益凸显，但在演讲中，绝不能"穿衣戴帽，各凭所好"，要讲究一定的原则，具体来说，有以下五个方面：

1.独特的着装风格

不管干什么事情，最忌讳的就是跟风，演讲中的着装是能体现一个人品味和风格的，因此，千万不要盲目地追赶潮流。

2.整体协调

着装的时候，不要把各个部分分开看，而要把它们作为统一的整体，进行合理的搭配，使之看起来和谐自然，完美地衬托出你的气质。

3.干净整洁

演讲场合，不管你所穿的衣服是昂贵还是便宜，首先的要求就是干净整洁。即使你因为家境贫寒而衣服上有补丁，也要保持干净清爽，因为这样能够使别人觉得你的内心是热爱生活的。当然，现在已经很少有人穿打补丁的衣服了，所以在保持衣服干净整洁的基础上，还要保持衣服的平整，最好不要有洗不掉的污渍等。

4.着装文明

演讲中的服装要求是不能过于暴露的，因此，尽量不要穿

袒胸露背，暴露大腿、脚部和腋窝的服装，更不要在演讲时赤裸着胳膊。

5.着装技巧

在着装方面，假如有心学习，其实是有很多讲究的。例如，女士穿裙子时，所穿丝袜的袜口应被裙子下摆所遮掩，而不宜露于裙摆之外；男士穿单排扣西装上衣时，三粒钮扣中要系中间一粒或是上面两粒，两粒钮扣的要系上面一粒等。

总的来说，演讲是一门综合艺术，既要求演讲者有美的声音和语言，还要有美的仪表，因此，演讲者在演讲前一定要认真琢磨如何把自己打扮得更好些。演讲服装的要求就是朴实大方、干净舒适，这样才能给听众留下好印象。

第 8 章

轻松表达：高超的演讲像好友交谈一样

　　提到演讲，一些人想到了严肃的画面：演说者在台上一本正经地说，听众在下面认真做记录，其实这样的演说并不是成功的，真正高潮的演讲都像好友交谈一样——亲切且自然，也更能让听众产生热情，当然，自然流露的效果，并不是自然获得的，需要我们像TED演说者那样进行大量的准备工作，尤其是练习，那么，如何练习呢？接下来我们在本章中进行分析。

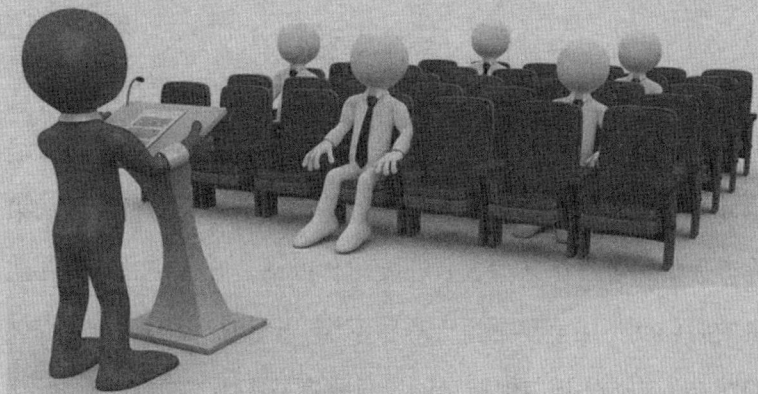

请像与朋友交谈一样演讲

演讲者发表演讲的目的，就是要吸引、说服、鼓动、感召听众，也只有能打动听众的演讲，才是成功的演讲，这一点，也是演讲者最关注的问题。而如何打动呢？

关于这一点，TED演说者们深有感触，他们给出一条建议：请像与朋有交谈一样演讲，他们大都是富有活力和精神抖擞的人，不只是参与演讲，更是把TED大会看成是一场分享会和交流会，他们也不拘泥于严格的演讲过程，在演讲过程中，如果你过于严谨和局促，如果你的声音、手势和肢体语言与你的话语不协调，观众就会怀疑你传递的信息的可靠性。正如你有一辆法拉利跑车(一个美妙的故事)，却不知道怎么开(表达)一样。

更善于从听众的角度说话，让听众内心的情绪迸发出来。因为人们都有这样的心理，在与人交谈的过程中，如果对方能感同身受，人们是愿意接纳对方的。因此，作为演讲者，如果你想你的话能发生效力，且非要将你的话一吐为快时，你在演讲的时候就不应该单是报告一些事实，还该把你的听众当成你的朋友，并亲切地与他们交谈，只有真情实感才能打动听众。

美国某位总统，在庆祝自己连任时开放白宫，与一百多个小朋友亲切"会谈"。10岁的约翰问总统，小时候哪一门功课最糟糕，是不是跟自己一样，也挨老师的批评。总统告诉他："我的品德课就不怎么样，因为我特别爱讲话，常常干扰别人学习，当时，我可是老师经常批评的对象。"他的幽默回答，使现场气氛非常活跃。

当时有一位叫玛丽的女孩，她来自芝加哥的一个贫民区。她对总统说，她每天上学都很害怕，因为她不知道会发生什么事情，害怕路上遇到坏人。这时，总统收起笑容，严肃沉重地说："我知道现在小朋友过的日子不是特别如意，因为有关毒品、枪支和绑架的问题政府处理得不理想。我希望你好好学习，将来有机会参与到国家的正义事业之中。也只有我们联合起来和坏人做斗争，我们的生活才会更美好。"

总统在为小朋友们讲述自己经历的过程中，富于幽默感，而且，极具亲和力，也难怪小孩子都喜欢与他交谈。那些幽默而亲和力的话语紧紧抓住了小朋友的心，使小朋友的心里面认为总统与他们是好朋友。即使场外的人们看到了这样的对话场面，也会感觉到总统是一个亲切的人。

的确，演讲其实就是与听众的一次沟通，期间，如果一个人丝毫不顾及听众的感受，只是对自己关心的问题侃侃而言，那么，自然很难流露出自己的热情和激情，也就无法打动对

方。反之，如果他能把听众当朋友一样亲切自然 沟通，那么此时开口，必会取得意想不到的结果。

那么，具体来说，我们该怎样说才能打动听众呢？

1.多说亲切的话

如果你说的话净是一些枯燥无味的大道理，或者满脑子"阳春白雪"的思想在作怪，经常说一些文绉绉的话，就会让听众觉得你过于喜欢伪装，从而在内心里就疏远了你。

比如在和听众寒暄的时候，说一些"路上没有堵车吧？""最近还好吧"之类的话，就会让对方觉得你把他当成了朋友，对你产生亲近感。

2.多提及听众的名字。

卡耐基曾参加一次演讲，那次他坐在主讲人的旁边，在开始演说前，他发现一点，他看到主讲人四处走动去打听那些陌生的人，卡耐基感到很奇怪。在后来的演说中，卡耐基才明白——主讲人是为了把刚才打听到的名字运用到演讲中，我更注意了一下台下听众的表情，那些被提及名字的人脸上洋溢着幸福的快乐。当然，这个简单的技巧也已经为他赢得了听众温暖的友情了。

3.全身心投入到讲演中

演讲需要你投入高度的热忱，当一个人只被自己的感觉影响时，他的热情就会被点燃，他的行为、语言都会出于自然，一切也就都顺其自然了。

事实上，任何表达技巧的学习都是建立在全身心投入到演讲之中的前提之上的。

4.让你的声音展现生命力

不得不说，随着年龄的增长，不少人都失去了年幼时的纯真和自然，与人说话、沟通也都陷入模式化之中，变得没有生气，但如果你希望成为一名好的演说者，你就不能拒绝吸收新的词汇，或者吸收新的表达形式。

5.以"情"动人，

①坦露心声，真情动人

俗话说：言为心声。在演讲中，如果演讲者的话是出自内心，发自肺腑，有自己的真情实感，那么，听众的情感之弦就更加容易被拨动，演讲者和听众的共鸣就会更强烈，听众也就更加容易接受演讲者所表达的观点。

②适时评述，激情动人

激情，是情感的瞬时爆发，是最能够打动听众、征服听众的。适时地对演讲材料进行充满激情的评述，表达自己的意见，抒发自己的感情，是让观点深入人心，引起共鸣的又一妙招。

③铺陈渲染，豪情动人

在演讲中，利用铺陈渲染方法为演讲的主题"蓄势"，可以激起听众强烈的共鸣，把演讲推向高潮。尤其在表达理想、

志向和成长感悟时，运用铺陈渲染更能收到节奏和谐、情绪激昂、语气磅礴的表达效果，给人一种积极向上、气势恢弘、壮志豪情的美感和震撼，更容易以豪迈的情感和气势征服听众。

的确，"感人心者，莫先乎情。"成功的演讲离不开"情"，情感在演讲中就像桥梁一样，连接着演讲者和听众的心。以"情"动人心，就要求演说者做到亲切自然地演讲，这样的演讲才更耐听！

掌握练习的艺术

前面，我们已经分析，脱稿演讲需要做足大量的准备工作，方能在演讲台上侃侃而谈，其实，任何形式的演讲都是如此，这样的准备工作有很多，包括材料的收集和选择、演讲稿的撰写，多次预讲练习等。

2013年参与TED演讲的表演艺术家和音乐家帕尔默曾说过："试着重复做一件事，不是为了有朝一日能驾轻就熟，而是要让它融入你的灵魂。"帕尔默2013年的TED演讲"请求的艺术"十分成功，该演讲视频在TED网站上发布后，在几天的时间内就获得了一百多万的点击量，一周后，她在博客中，发表了一篇长文，她感谢帮助她获得演讲成功的幕后人员，的确，一场成功的演讲离不开团队的共同努力，尤其是用心的准备，才能真正打动听众。

也许你认为，对于学表演的人来说，进行一个十几分钟的演讲实在是太简单了，事实上，正因为她是演员，为了做好此次演讲，帕尔默足足花了四个月时间准备，不断改进，力求做到最好。用她的话说就是："我的时间完全消耗在了这场演讲上。

光是演说词，她就改了很多次，发现有不满意的地方就改，并且，这是限时演说，所以她不断不断调整内容，只为了把最完美的东西'装进'12分钟的演讲里。

的确，在我们看来，TED演说者们看起来十分自然的演说效果，却不是自然获得的。自然流露的效果，并不是自然获得的。演讲要做到"自然流露"，需要大量的准备工作——前所未有地深入挖掘自己的内心，选择最能体现你的想法的措辞，用最具影响力的方式演讲，确保你的非语言表达——你的手势、表情和肢体语言——与你的语言相协调。

很多年前，一位政府高官在纽约旋转俱乐部的午餐会上，针对他所在的部门的工作对大家进行了一番演说。

在他开口后一段时间，大家就知道他并没有做多少准备，一开始，他随随便便开了个头，但觉得太随意，于是，他从口袋中掏出一些皱皱巴巴的纸条，一边整理一遍说，这个场景显得更为尴尬，时间慢慢地过去，他越来越焦躁，然后不停地道

歉，企图掩盖内心的紧张，到最后，他在整理纸条的手都在颤抖了，其实这些表现就是演讲者被畏惧打败了，而这一切是由于演讲者缺乏准备，最后，他还是说了抱歉后回到自己的座位上。

不得不说，这是一次糟糕的演说，因为准备不充分，所以他根本不知道自己要表达什么，也不知道自己如何表达。可见，如果开口前，你毫无准备，那么，势必你会陷入尴尬的境地。

如果你想提升自信心，为演说做足准备就能保证这一点，那么，现在的你还在犹豫什么呢？耶稣的使徒约翰说过："完美的爱能赶跑恐惧，"其实，对于演说来说，完备的准备何尝不能做到这点呢？这正如丹尼尔·韦伯说过的："毫无准备地参与公共演说，就如同在听众面前裸身一样。"

为此，要做好一次演说，你必须做到两点：

1. 做足充分的准备

也许你会问，到底怎样是做足了准备呢，其实不难：

回忆你曾经的人生，你会发现，有很多曾经没注意到的想法和观念，零散地散落在我们的记忆里，你可以将他们整理出来，然后将其归纳为你日后演说的主题。

查尔斯·雷纳德·布朗博士是著名的演说家，他曾多次在耶鲁大学发表演说，有一次，他这样说道："认真揣摩你要说的主题，然后将它们大致写出来，你会发现，根据你写下来的这些部分，你会很容易用逻辑将们联系到一起。"实际上，有这些内容就足够了，接下来，你只需要运用逻辑语言将它们组织好就行了。

2. 在你的朋友面前预演

无论你的思想内容多么精彩，你还是需要将它们讲出来，所以在你进行过准备后，还是应该彩排一下，其中一个重要的方法就是当着你的朋友的面演说，比如你可以暂且搁置和朋友平时闲聊的话题，然后就你即将演说的主题中的某个内容与你的朋友闲聊，他很有可能对你说的故事很感兴趣，即使他不知道你是在为演说彩排，但无论如何，他认为你的谈话很有趣味就行了。

历史学家阿兰·奈文斯也提出了类似的观点，他认为："找一个对你要说的问题感兴趣的朋友，你们尽可能多地谈论这一话题，这能帮助你查缺补漏。"

当然，练习并不是不断重复背诵演讲稿，林肯曾说过："我不喜欢做足了所有准备的布道，相反，我更喜欢神父布道时那丰富的手势。"其实，他的意思和我们这里说的无需背诵演讲是一个意思，他希望演讲者能改掉乏味的、教条式的风格，希望演说能变得慷慨激昂。

用恰当的语速演讲，愉悦听众的耳朵

生活中，人们说话都有轻重快慢之分。一般来说，重要的词语或需要强调的内容说得重些，句子中的辅助成分或平淡的内容说得轻些。而对于演讲来讲，演讲者只有说话轻重缓慢适宜，吐字清晰有力才能使语意分明，声音色彩丰富，语气生动活泼，语言信息中心突出，从而引起听者的注意，引导听者的思路，易于被人理解和接受。说话太轻，容易使听者减少兴趣；太重，也容易给听者突兀的感觉。

研究表明，每分钟读出150~160个英文单词是有声书的理想阅读语速，能让大多数听众舒适地听取、吸收和记忆信息。从我给自己的书录制有声资料的经验来看，口述的理想语速应该略低于日常交谈的语速。

有人曾对TED演说者在说话时的语速进行了分析发现，最受欢迎的那些TED演讲者的演讲时间为18分钟，而在18分钟内，他们说出了3400个单词，或趋于这个数值。

以肯·罗宾逊的演讲为例，他的演讲中的单词量为3200个单词。而吉尔·泰勒在TED演讲中的单词量大约为2700，两人在演说中的语速相差无几。那么，曾被认为是TED演讲舞台上表现最自然的演讲者布莱恩·史蒂文森的语速是多少呢？他的演讲时间与他人不同，他花了21分钟讲述了四千个单词，而他演讲的前18分钟共说了3373个单词。

这里，我们阐述TED演说者所说的单词量和演讲时间，并不是要让所有演说者都计算自己的字数，而是要尝试控制自己的语速——用日常交谈的语速做演讲，这样更能拉近与听众之间的心理距离。

另外，我们需要提醒的是，我们在日常生活中就要关注自己的说话方式，一些人平时说话语速快，但演讲时故意放慢语速，显得很不自然，不要刻意寻找演讲的感觉，而要让演讲像日常交谈一样自然。

如果你曾观看布莱恩·史蒂文森的演讲视频，你会发现，他在演讲时就如同和你亲切地交谈，练习演讲时，你可能会在切换幻灯片或是思索下面要讲的内容时放慢语速。当你已经将演讲内容内化于心时，你的语速就能和日常交谈的语速不相上下。

另外，摄影师丽萨·克里斯汀的方法是重读关键词。她是个用照片记录故事的人，在参加TED大会前，她曾花了两年时间走访世界各地，用照片记录了最灭绝人性的罪恶之一——现代奴隶贸易。在TED演讲中，她先用播放幻灯片的方式吸引了听众的注意力。

在演讲中，她放慢了语速，清晰地说出每一个单词，并且对其中的关键词加重读音。

在整个演讲过程重，克里斯汀对她的演讲主题充满热情。她谈到一次偶然的机会，她结识了一位正在努力根除奴隶制的人，从此开始了解奴隶制。

演说中，她并没有使用太多手势，但是，她闭上双眼说道："我与他的谈话结束后，我感到十分羞愧，对于这些残酷的事实我从前竟然根本不了解。我想，还有多少人也和我一样对此毫不知情呢?这让我坐立难安。"

从TED演讲这些出色的演讲者身上，我们看到了控制语速对于提升演说效果的重要，的确，演讲时，你只有做到轻重缓慢适宜，吐字清晰有力才能使语意分明，声音色彩丰富，语气生动活泼，语言信息中心突出，从而引起听众的注意，引导听众的思路，易于被人理解和接受。

那么，我们如何控制说话语速呢?

以下是两个方面的练习方法:

1. 掌控说话速度

说话的速度也是演讲的要素。为了营造沉着的气氛，说话稍微慢点是很重要的。标准大致为5分钟三张左右的A4原稿。不过，此处要注意的是，倘若从头至尾一直以相同的速度来进行，听众会昏昏欲睡的。

演讲的速率一般可分为快速、中速、慢速三种:

（1）快速叙述事情的急剧变化、质问、斥责、雄辩表态;

刻画急促，紧张、激动、惊惧，愤恨，欢畅，兴奋……

（2）中速适合一般性说明和叙述感情变化不大感情平静；

（3）慢速用于抒情，议论，叙述平静、庄重的事……

演讲要运用恰当的语速说话。在需要快说时，语速流畅，不急促，使人听得明白；在需要慢说时，不能拖沓，要声声入耳。语速徐疾、快慢有节，才能使言语富于节奏感。听者处在良好的倾听环境里，才能不疲劳，并且增强语言的感染力。

科学的发音取决于科学的运气，有些演讲者时间稍长点就底气不足，出现口干舌燥、声音嘶哑的现象，此时，只得把气量集中到喉头，使声带受压，变成喉音。

2. 培养恰如其分的节奏

除了语速，演讲的节奏也是关系成败的一个重要因素。人们在说话、朗读和演讲中，速度的快与慢、情绪的张与弛、语调的起与伏、音量的轻与重等，变化对比，就形成了节奏。节奏在口语中起着重要作用。

节奏不是外加的东西，它取决于说话的内容和交谈双方的语境，靠起伏的思绪遣词造句，靠波动的情感多层衍进。

节奏主要表现人的心理的运动变化，不同的口语节奏具有不同的形象内涵和不同的感情色彩。适当的节奏，有助于表情达意，使口语富于韵律的美感，加强刺激的强度。

在演讲中，常见的节奏有持重型、轻快型、急促型、平缓

型、低抑型等。

别忘了演讲中也有标点符号，适当的停顿不仅会显得张弛结合，同时能给听众提供一个理解回味的时间，集中他们的注意力。另外，掌握节奏的快慢有助于控制演讲的时间，同时也是传递感情的一种方式。

修炼领导者气质，拥有掌控型气场

心理学上，人们把这样一种人格特质——神圣的、鼓舞人心的、能预见未来、创造奇迹的天才气质称为"领袖气质"。具有这种气质的人对别人具有吸引力并受到拥护。不得不说，这类人在公共场合发表演说，更易征服人心，要知道，这种影响力不是建立在传统的权威上，而是建立在听众对演讲者非凡才能的感知上。

曾参加过TED大会的科林·鲍威尔就是这样一个有领导气质的人，他思想严谨、有条理，这和他担任过陆军上将以及2001~2005年的美国国务卿的经历有关。

鲍威尔拥有掌控型气场，他讲话、走路甚至是外表都给人以领导者的感觉。在担任陆军上将期间，他训练自己的士兵也要有这种气质，包括走路、说话和穿衣。

在接受采访时，鲍威尔与采访者对面而坐，一开始，他将手放到前面的桌子上，十指交叉，不过，这一姿势他并没有保持很长时间，而是运用了不同的手势来配合自己的谈话。

在谈到自己时，他说："在我成年后，我大部分的精力都放在了如何成为一名优秀的职业演讲者的身上，从我在军队担任陆军军官的第一天起，我就对着军人们演讲和授课。经年累月，我学会了如何在演说中打动他们，如何让自己的语言更有趣，如何说服他们按照我的想法去行动。一些枯燥的演讲会让他们厌倦，为此，我学习了很多有趣的能吸引他们注意力的技巧。1966年，我被派到本宁堡步兵学校做讲师……在那里，我学会了如何用眼神交流，如何做到不咳嗽、不口吃、不插口袋、不抠鼻子或挠痒痒。我也学会了大步走向讲台，使用指示棒、幻灯片和手势，以及如何提高和降低音量使学生们保持清醒。"

从鲍威尔的访谈节目中，我们看到了他是怎样修炼领导气质的。因此，作为演说者，我们要想获得听众的认可，最好在日常生活就不断修炼自己的领导气质。我们再来看撒切尔夫人的故事：

英国前首相撒切尔夫人具有令世人称道的仪表和风度。她是二十世纪后期世界上最具魅力的政治人物之一。而她引人入胜的演讲风格，更为她树立了很高的威信。她在上任后的第一

次讲话中这样说道：

"我是继伟人之后担任保守党领袖的。这使我觉得自己很渺小。在我之前的领袖，都是赫赫有名的伟人。如：我们的领袖温斯顿·丘吉尔把英国的名字推上了自由世界历史的顶峰；安东尼·伊登为我们确立了可以建立起极大财富和民主的目标；哈罗德·麦克米伦使很多凌云壮志变成了每个公民伸手可及的现实；亚历克·道格拉斯霍姆赢得了我们大家的爱戴和敬佩；爱德华·希思成功地为我们赢得了1970年大选的胜利，并于1973年英明地使我们加入了欧洲经济共同体。"

在这段讲话中，撒切尔夫人列举了现代史上英国历任首相的功绩，以此来表明自己的任重道远和豪情壮志。1979年撒切尔夫人在大选中获胜，成为英国第一任女首相。可见，无论你是不是处于领导者的位置，在某些场合，你都必须要让自己的语言变得强势起来，才能让他人信服于你。

那么，在日常生活中，我们如何从行为谈吐上修炼自己的领导者气质呢？

以下是我们需要学习的几个方面：

1.仪态上

应常常恰到好处地微笑，让人感到平易近人、和蔼可亲。而不能板着面孔对人不理不睬。男性要显得质朴纯真，高雅大度，既彬彬有礼又落落大方。女性要显得温文尔雅、含蓄恬静，既楚楚动人又自然庄重。

2.站姿

"站如松"，嘴微闭，两眼平视前方；收腰挺胸，脚挺直，两臂自然下垂；两膝相并，脚跟靠拢，脚尖张开约60°，从整体上产生一种精神饱满的感觉，切忌头下垂或上仰，弓背弯腰。

3.坐姿

男性张开腿部而坐，手置膝上或放于大腿中前部，体现男子的自信豁达。女性则是膝盖并拢，体现其庄重矜持，落座声轻，动作协调，先退半步（穿裙子时双手从上而下理直后裙）后坐下，要坐在椅面的一半或 2/3 处，两腿垂直地面或稍倾斜或稍内收，肢尖相并或前后差半脚。腰挺直，两手自然弯曲，扶膝部或交叉放于大腿前半部，切忌开叉两腿、跷二郎腿、摇腿，弓背弯腰。

4.走姿

"走如风"，挺胸收腹，目光平视，两手自然下垂，前后摆动，并前摆向里约35°，后摆向外约45°，脚尖直指正前方，身体平稳，两肩不要左右晃动。男性显出阳刚之美，女性要款款轻盈显出阴柔之美。不论男性或女性，均切忌八字步。

5.握手时

参加聚会时应先与主人握手，再与房间里其他人握手。

如果男士与女士握手时需待女士先伸出手，而不能主动与女士握，握时轻握女士的手指部分，不要握手掌部分。不要随便主动伸手与长者、尊者、领导握手，应等他们先伸手时才能握。对方可能未注意自己已伸手欲与之相握，因而未伸手，此时应微笑地收回自己的手，无须太在意。

6.行为上

真诚谦恭待人，对上级的谦恭是礼貌，对平级的谦恭是人品，对下级的谦恭是高尚；用语文明，不说粗话、脏话、刻薄话、风凉话，对话声音以能听清为度，以免影响他人；不乱扔纸屑、烟头、果皮、吐痰入盂，无盂用纸包或进洗手间吐。

当然，除了以上几点外，我们还要在言谈举止中展现个人魅力，处处起表率作用。而且还要根据不同对象和不同环境发挥自己的讲话技巧，切忌态度高傲，目中无人。

总的来说，一个有领导气质的演说者，是听众信服和认同的对象，他能鼓舞士气，是听众效仿的对象。而领导气质的获得，需要我们在日常生活中不断修炼和积累。

演说时融入你的主观情感，更能打动听者

我们都知道，在公共场合发表演说，一定要客观，只有

这样，才能得到听者的信服，然而，某些情况下却不尽然，客观的言辞固然能表达我们的观点，但我们只有在演讲中融入情感，才能带动听者的情绪，接纳我们的意见。

你讲话的方式对观众的影响不亚于你讲话的内容对观众的影响，而很多人都忽视了讲话技巧的重要性。

在印第安纳波利斯召开的TED青年大会上，吉尔·泰勒博士曾讲述为何处于青春期的他们会感觉自己的行为不受控制。一开始，她带上了自己的道具——人脑，震惊了全场，然后陈述人脑的发育过程，以及为何青春期的人有种种"出格"的行为表现，最后，吉尔博士给出了自己的看法：青少年并不是"发疯"了，而是生理原因，并且到了25岁后自然就会有所好转甚至消失。

伟大的演讲者会把故事绘声绘色地表演出来。吉尔博士清楚，如果她讲得不够精彩，就不能打动她的观众。

的确，任何形式的演讲中，我们都希望能调动听者的兴趣，但并不是只要我们愿意去谈，就一定能让听者感兴趣，举个简单的例子，如果你是主张自己动手的人，你自己也是这么做的，那么，你可以向听众谈谈洗盘子，但实际上，假如你一点也不愿意这样做，你能确定自己一定能把这个话题说好吗？但是，我们可以确定的是，作为一个家的主管——那些家庭主妇们却能把这个问题说得很精彩，她们每天有洗不完的盘子，

他们总希望能找到新的方法来代替自己去做这个工作，他们也可能很恼火为什么自己要洗盘子，但无论怎样，他们对这一题材绝对更有发言权，也更来劲，所以，她们可以就洗盘子的题目说得头头是道。

所以，我们可以说，讲故事时主观一点，更能打动听者。具体来说，我们可以：

1.选择一个让你充满热情的故事主题

现在，你可能会问，怎样的题目才是合适的题目，怎样判断它是否适合讲话？这里，有个最为简单的方法，你可以问问自己，在讲话的时候，如果有人站出来反对你的观点，你是否有勇气辩驳或者说有百分之百的信心为自己辩护，如果你有，那么，这一题目就是绝对合适的。

2.投入你所讲的故事中

福胜·J.辛主教，是美国一位很有权威的演讲家，在他早年的生活，他就知道了这一点。

在他的《此生不虚》一书里有这样的片段：

"我被选出参加学院里的辩论队。就在圣母玛丽亚辩论的头一天晚上，我被我们的辩论教授叫到了他的办公室内，然后我就被训斥了一顿。

"'你就是个名副其实的饭桶！自从我们学院创办以来，还没见过你这么糟糕的演讲者！'"

"'那，'我说，我想为自己辩护，'我既是这样的饭桶，为什么还要我进入辩论队？'"

"'因为你会思想，而不是因为你会演讲，去，到那边去，把演讲稿中的一段抽出来，然后再讲一遍。'于是，我按照教授的话，把一段话反反复复地讲了一个钟头，然后他问我：'看出其中的错误了吧？''没有。'于是，接下来，又是一个半钟头，最后，我实在没力气了，教授问：'还看不出错在哪里吗？'"

"过了这两个半钟头，我找到了问题的关键。我说：'现在我知道了，我的演讲没有诚意，我只是纯粹地背诵演讲词，我心不在焉，没有表达自己的情感。'"

经过这一件事，福胜·J.辛主教学得了永生难忘的一课：要让自己沉浸在讲演中。因此，他开始让自己对题材热心起来。直到这时，博学的教授才说："现在，你可以讲了！"

3.多说说你自己的事

曾经有演讲初学者在训练时不知道说什么内容，他谈到了收集火柴盒，当老师问起他这个特别的爱好时，他逐渐有了说话的精神，并且，他还指手画脚描述起自己收集火柴盒的小房间来，他说，几乎全世界的火柴盒他都有收藏，等他的话匣子被打开后，老师反过来问他："既然如此，为什么不跟大家聊聊这个话题呢？我觉得很有趣。"他惊讶极了，表示怎么还有

人对这个话题感兴趣！原来，这名学员耗费了半生的心血、孜孜以求的嗜好，甚至几乎达到了狂热的地步，他自身却否定了它的价值，认为别人不一定喜欢这一话题。那天晚上，他俨然一副收藏家的态度去谈论火柴盒。再后来，他还去参加了各种俱乐部，演讲有关收集火柴盒的话题，因此被很多地方人士推崇。

的确，我们生活中的每个人都有一些不平凡的经验，这是不需要我们煞费苦心地搜寻的，而我们自身的行为也就是受到这些经验的引导，我们将这些事件重新串联和组织起来，我们就能以此来影响别人，对于我们任何人来说，这一点都不难做到。一般情况下，人们对字句的反应和对真实事件的反应是不会存在太大差异的，为此，我们在讲述具体事实的时候，一定要把其中自己曾有经验的部分进行再造，巧妙引导听众产生与自己原先相同或者相近的反应或者感受，让你的经验变得更戏剧化，就能让它听起来更有意思，也会更有力量。

总之，在演说中，有时可以主观一点，讲一些与自己相关的故事，饱含感情地讲话，都能让你的讲话更动人。

第 9 章

环节制胜：让观众惊掉下巴的环节

　　我们都知道，任何一个人，在建造房屋前，如果他是理智的，他绝不会在毫无准备的情况下就动手，同样，演讲也是如此，任何一个成功的TED演说者，都胜在环节，他们绝不循规蹈矩，无论是开头还是结尾，他们都能做到一鸣惊人，让听众欢呼，那么，如何设计演讲环节呢，这需要我们花点心思，接下来，我们进行细细分析。

制造"事件"，把你的观点戏剧化地展现出来

我们都知道，任何演讲，都要以一定的话术开场，然而，万事开头难，演讲中的开场也是如此，如果开场白毫无新意，那么即使内容丰富、道理深刻，也无法有效地吸引听众，那么，接下来就很可能会出现听众昏昏欲睡的场面。而如果我们能在开场中抓住听众的注意力，能引发他们听的兴趣和积极性，那么，演讲也就成功了一半。

然而，我们经常看到的是，本应在刚开始就获得听众兴趣的开场白部分却变得枯燥无味。有一位演说者是这样开始自己的演讲的："要信赖上帝，并且相信你自己的能力……"这是一个说教式的开口，但却像开水煮白菜一样寡淡无味，再听听他后面的演说，开始有点意思了，他说："1981年我母亲成了寡妇，身无分文，但却要养育三个孩子……"这里，演讲人为什么不在刚开始就讲述他的母亲是如何将三个嗷嗷待哺的孩子养育成人的呢？

可见，你若想引起听众的兴趣，开场一定要独辟蹊径。关于这一点，我们先来看看微软创始人、亿万富翁比尔·盖茨曾经在TED大会上的表现。

演讲开始，他拿出一个玻璃罐，然后打开，对观众说："马来热通过蚊子传播，今天，我带了一些蚊子到现场来，因为我认为只有穷人感染马来热是不公平的。"

据后来的报道称，当时在坐的听众都被他的这一举动吓得目瞪口呆，无一例外。

稍等了一会儿说，他才告诉听众，他带来的蚊子不是疟蚊。他只是通过这种方式来让大家对这一问题引起重视。

大会过后，盖茨和他的妻子梅琳达在抗击亚非国家得马来热这一问题。在这些地区，每年新增的马来热病例高达5亿个。

后来，有人上发布消息称："比尔·盖茨在TED会场放出蚊子，他说'只有穷人被蚊子叮咬是不公平的'。"eBay网站创始人皮埃尔·奥米迪亚也在推特上开玩笑称："下次我可不坐前排了。"盖茨设计的这一个令人难忘的时刻，不仅把信息传递给了现场观众，而且传播到了全世界。

这场演讲时间才18分钟，尽管放蚊子环节占总演讲时间不到5%，但却真的让观众惊掉了下巴，并且，在很长一段时间，盖茨放蚊子依然是办公室白领们茶余饭后和午间休息的热门话题。

其实，这个放蚊子的环节，就是我们演说中的"噱头"，成功引起了听众的兴趣和注意力，也博得了掌声。

当然，我们并不是说，在演讲场合，就要带一瓶蚊子，而是说，演讲前要想想你的演讲内容，确定最重要的论点，并选择一种新奇、令人难忘的传达方式。有时，为了加深观众的印象，你需要让他们大吃一惊。

不过，用这种惊人的开头还是要注意一些问题，那就是最好别太过戏剧化，反而弄巧成拙了。据说，曾经在国外，有个人居然在开讲前真的对天空放了一枪，他确实获得了注意，但是听众也被吓得不轻。

因此，只要使用小小的一点技巧，就能让听众"心随你动"，这样技巧就是演示法——挑选听众来帮助你演示，或者把你的观点戏剧化地展现出来。

这是因为，只要其中一个听众被带入到演示中，其他的听众就会注意力集中起来，看看究竟要发生什么事。

一家钢铁锅炉公司的主管们需要对代销商们讲解一些关于锅炉的燃料是从底部加进去的，而不是从顶部，那么，怎样解释清楚这一问题呢？于是，他们想出了一个简单却很有力的展示方法。开口前，演讲人先点燃了一支蜡烛，然后说：

"大家看到了吗？这火焰是多么明亮——它蹿得多高。因为蜡烛的燃料都转化成了热能了，不过我们看到的是，它也不冒烟。"

"我们不难看到，蜡烛的燃料是从蜡烛底部开始往上供应的，其实，我们的钢铁锅也是如此，也是从底部添加燃料。"

"现在，我们来假设一下，这支蜡烛是从顶部供应燃料的，那就如我们曾经使用过的那种手拨的火炉一样。(说到此，讲演人将蜡烛倒置了）

"大家请看看火焰是怎样熄灭的，烟味是不是从现在开始变了？火焰也变红了？这是火焰不完全燃烧导致的，最后，因为燃料是来自顶部的，所以熄灭了。"

亨利·罗宾逊先生为《你的生活》杂志写了一篇有趣的文章《律师怎样赢官司》。在这篇文章中，有一位名叫亚伯·胡莫的保险公司的律师。在接手公司的一起伤害诉讼时，他巧妙地运用了戏剧性的展示表演。

原告碑波士特先生说，他因为在电梯摔倒，从楼上滚到楼下，感觉肩膀严重受伤，现在都无法举起自己的右臂了。

胡莫表现得很关心的样子。然后他充满信心地说："现在，碑波士特先生，请让陪审团看看，你大概能将手臂举到多高。"碑波士特按照他的话去做，然后十分小心地将手臂举到了耳边。谁知道，接下来，胡莫说："现在是再让我们看看，受伤前，你能把它举起多高？"胡莫者明显是在怂恿他。"像这样高。"碑波士特说着马上伸直了手臂，把胳膊举过超过肩膀的高度。

可见，在演说中，如果在一开始，就照本宣科地叙说的

话，很明显是枯燥乏味的，那么，怎样才能让这些论点表现得生动活泼呢？那就是你用来支持论点的材料，它能让你的演说表现得妙趣横生。而利用实例、类比和演示，能清晰地展现出你要表达的论点，再借用统计数字和证词，能让事实展现得更有权威，并加强主要论点的重要性。

人的大脑会本能地记住激发强烈情绪的事件

我们都知道，任何演讲，都必须以一定的话术开场。因此，演讲的开场很重要，它可以奠定整个演讲过程的基调。但万事开头难，演讲也不例外。如果开场白毫无新意，那么即使内容丰富、道理深刻，也无法有效地吸引听众，那么，接下来就很可能会出现听众昏昏欲睡的场面。事实上，在开场制造让观众产生强力情绪反应的事件，是一种很明智的选择，因为这不仅能使台下的听众眼前一亮，而且人在轻松的氛围里能有效地思考问题，从而使自己的演讲抓住人们的心。

这一点，曾在TED大会上发表演讲的神经解剖学家吉尔博士可谓让我们大开眼界。

打开他的演讲视频，也许我们也和现场观众一般作呕，要是你肠胃不好，也许这一演讲并不适合你。那么，吉尔博士到底是怎么做的呢？

开场后一分钟时，吉尔博士就让助手带上来一个真正的人脑，上面还连着一条17英寸长的脊髓。

当助手缓缓端上来他的"杰作"时，观众就发出干呕的声音，但吉尔博士却不急不缓地说："如果你见过真正的人脑，就会知道它的两个半球是完全分开的。今天我带来了一个真的人脑。这是大脑的前端，这是大脑的后端，连着脊髓，大脑在我的头骨里面是这样放置的。"吉尔博士边说边向观众展示它。

接下来，吉尔博士讲述了大脑两个半球的位置、二者如何交流以及各自的功能。现场的观众中，很多观众不自在地扭动着身体，因恶心感而捂住嘴巴。但是如果你在现场或者观看过这一视频，你会发现，虽然人们表现出很不安，张大了嘴，好似在强忍着肠胃的不适，但是却依旧坐在椅子上，且身体微微前倾。还有一些人把食指放在脸颊上，因为他们已经完全被吉尔博士的演讲深深地吸引了。

事后，有人开玩笑说，如果我们的学校课程也能像吉尔博士的演讲一样有趣，那么，学生学习的效率和记忆效果一定更好。

吉尔博士的这一方法在后来的2013年TEDx青年大会上再次被运用。这次演说虽然只有16分钟，但也给了在座位青少年观

众呈现了一个令他们最难忘也最受触动的演讲。

分子生物学家、《让大脑自由》作者约翰·梅狄纳："对于一次经历，大脑会更多地记住和情绪有关的部分。"在演讲中，如果我们能让听众产生强烈的情绪反应，听众自然投入到演讲中来，且更容易记住演讲内容。

我们再来看下面一个小故事：

某天，推销员汤姆准备向某准客户推销一款280元的厨具。

他按响了门铃，等他道明了来意后，客户当场就拒绝了他："我是不会购买这种又贵又没用的东西的，请你走吧。"客户态度如此坚决，让汤姆碰了一鼻子灰，但汤姆想，决不能放弃，一定有方法可以让客户接受自己的产品。

第二天一大早，汤姆就又来了。这次，客户的态度还是和昨天一样，一看到来推销的汤姆，他还是坚决地说："我昨天不是说过了吗？我是不会买你的东西的。"这次，汤姆并没有急着介绍自己的产品，而是从口袋中掏出一张一美元的钞票，当着客户的面把它撕碎，对客户说："你心疼吗？"客户吃惊地看着他，心想，这人真是疯子，汤姆没等客户回答就离开了。

第三天早上，汤姆又在同一时间来到客户家，客户开门后，汤姆又掏出一张一美元的钞票，当着他的面把它撕碎。然后问："你心疼吗？"

客户说："我不心疼。这又不是我的钱，你要是愿意的话，可以继续撕。"

汤姆说："我撕的不是我的钱，而是你的钱。"

客户很奇怪："怎么会是我的钱呢？"

汤姆并没有马上回答客户，而是停顿了会儿，这时，客户急了"你倒是说啊。"

此时，汤姆才缓缓地说："您自打结婚起，住在这房子里，是不是已经有20年了吧，如果这20年，你使用的是我的烹调器具做饭，每天就可以节省1美元，一年360美元，20年就7200美元，不等于就撕掉了7200美元吗？你今天还是没有用它，所以又撕掉了1美元。"

客户被他的话说服了，立刻购买了汤姆的产品。

案例中，厨具推销员汤姆之所以能转败为胜，就在于他近似"疯狂"的举动——撕毁钱币，这大大引起了客户的兴趣，进而打开了销售的局面。

同样，这一方法在演说中同样受用，因为越是强烈的情绪震颤，越是能让人产生兴趣，事实上，这就是为什么一些人能够记住"9·11"恐怖袭击事件的细节，却不记得把自己家的钥匙放在哪里了？为什么我们能记住吉尔博士带来的人脑或者盖茨带来的蚊子，却记不住我们在听演讲或者听课时播放的幻灯片。我们的大脑能够本能地回忆起激发强烈情绪的事件，而忽略普通的一般性事件。所以要想让你的演讲从大量平庸的演讲

中脱颖而出，你必须调动起观众的情绪。

创造性地改变一下措辞，就有可能让听众大吃一惊

可能不少人在演讲的过程中，都有这样的感触：一上台就开始正正经经地演讲，会给人生硬突兀的感觉，让听众难以接受。而如果能在开场时卖卖关子，则能迅速吸引听者的注意力，这就是演讲中的环节设置——制造悬念，抓住听众的兴趣。演讲中的悬念是指听众的一种心理活动，这种心理的产生基础是听众对某种事物的认识有个大略的了解，但现在向他传达的则是已经变化了的事物，他们对此产生了关心的情绪，甚而把想探个究竟的想法急切地表达出来。悬念是打开成功演讲之门的金钥匙，这种心理活动的过程，如果能被我们在演讲时恰当利用，就会使听众产生一种听完后所得的愉悦感，真切理解演讲者的意图。

可以说，任何一个TED演讲高手都懂得在环节设置上下功夫，其中就有史蒂夫·乔布斯，他被称为当之无愧的"欢呼时刻"之王。

史蒂夫·乔布斯是调动观众情绪的高手，他的每一次演讲，都好比百老汇的演出般精彩。在他的演讲中，没有冰冷的大道理和反复的数据，也没有千篇一律的产品介绍，而是有鲜活的人物、道具，还有欢呼时刻，让你觉得物超所值。

在TED大会风靡全球前的很长时间里，史蒂夫·乔布斯的演讲已经很精彩了，让观众沉浸其中。比如：

1984年，苹果公司推出麦金塔电脑，这一产品可以说是颠覆了传统的电脑应用方式，在发布会当天，苹果公司，2500多位员工、分析师和媒体人齐聚美国德安扎学院弗林特中心，乔布斯进行了16分钟的演讲，演讲结束，在座的观众精神为之一振。

产品发布会，一般首先要介绍的是产品的价格和上市时间，但是乔布斯却给了人们一个惊喜——他先描述这一款电脑的功能和特点，并展示了相关图片，他说，"所有这些功能都集中在相当于IBM（国际商用机器公司）生产的个人电脑的1/3大小的盒子里。"

"图片你们已经看到了，接下来我要展示真正的麦金塔电脑，你们接下来看到的所有图片都出自它。"

然后，乔布斯缓缓走到讲台中间，从桌子上的帆布包中慢慢拿出一台电脑，这期间有一分多钟时间，乔布斯什么都没说，只是将"拿电脑"这一动作缓缓进行着，然后手伸进口袋取出一个软盘，小心翼翼地把它插入电脑，然后走开。这时，灯光暗了下来，电影《烈火战车》的主题曲响起，一系列图片出

现在屏幕上，都是些从未在个人电脑中出现过的字体和图像。

观众的精神为之一振，台下传来一片掌声和欢呼声。

也许你认为演讲结束了，其实不是，接下来，他不动声色地又创造了一个一个欢呼时刻——"让麦金塔电脑自己说话"。只听麦金塔电脑用数字化的声音说："大家好，我是麦金塔电脑。终于可以从包里走出来，这种感觉简直不要太美好，但我还不习惯公共演讲。现在，我想跟大家分享的是我第一次见到IBM电脑主机时的感想：不要相信一台你提不动的电脑。"

这个演讲视频在YouTube上的点击量已超过300万次。那个意义深远的时刻——独特并且出人意料——充分调动起观众的情绪，给现场观众以及观看这个视频的几百万观众留下了难以磨灭的印象。

无独有偶，在2007年iPhone的发布会上，乔布斯再次给观众带来了情绪激昂的一刻。

乔布斯在这次演讲中告诉观众，苹果公司推出了三款新产品："第一款是能够靠触摸操作的大屏幕iPod；第二款是革命性的移动电话；第三款是突破性的网络通信设备。"然后他重复了一遍，"iPod，移动电话，网络通信设备。现在，请问大家听清楚了吗？这不是三个不同的设备，而是一个设备，我们叫它'iPhone'"。

那一刻，观众席传来阵阵掌声和欢呼声。

从乔布斯的演说技巧中，我们发现，要创造欢呼时刻，不需要多么大的排场，或者多么精致的道具。有时，只要创造性地改变一下措辞就能让观众大吃一惊，并且深深地记住它。

以下是几点方法：

1. 展示物品法

每个人都有好奇的天性，如果心中一旦有了疑团，非得探明究竟不可。为了激发起听众的强烈兴趣，可以在讲话之前，先拿出一件物品，肯定会让在座的听众挺直身子。他们会猜想：他要表演魔术吗？这就引起了听众的好奇心。展示的物品可以是一幅画，一张照片或任何一件其他实物，只要有助于讲话者阐述思想，能引起话题。

2. 即景生情法

我们在演讲时，不妨以眼前人、事、物、景为话题并加以引申，把听众的注意力不知不觉地引入演讲之中。当然，这个话题最好能生动有趣。这样即兴发挥，能给人耳目一新的感觉。

当然，即景生题不是故意绕圈子，不能离题万里、漫无边际地东拉西扯。否则会冲淡主题，也使听众感到倦怠和不耐烦。演讲者必须心中有数，还应注意点染的内容必须与主题互相辉映，浑然一体、恰到好处地过渡。

3. 对比设疑法

我们在开场时可以是用强烈的反差、对比来引出自己的题目，以期在人心目中留下深刻的印记。这主要指以对比、对照和映衬之类的修辞手法，来引领和导入自己的话题。

当然，巧妙安排演讲环节，也不能故弄玄虚，这一方法既不能频频使用，也不能悬而不解。在适当的时候应解开悬念，使听众的好奇心得到满足，而且也使前后内容互相照应，结构浑然一体。

有始有终，如何巧妙结束演讲

人们都了解开场白在演讲中的重要性，但似乎很少有人愿意在演讲结尾上雕琢更多。他们仅仅是轻描淡写地草草收场，结果可想而知：费尽口舌发表的长篇大论很快就被人们遗忘。要想使人记忆深刻，你的结尾必须像开场一样气势磅礴，掷地有声。演讲的结尾应该简洁有力。只有这样，才能做到首尾呼应。因此，我们要明白的是，对于演讲来说，也要有始有终，不能虎头蛇尾。

布芮尼·布朗在《脆弱的力量》演讲结尾时，以"问问题"的方式，对听众提出思考的要求，进而给人方向和希望。

在最后一段，布朗以短暂停顿3次，让观众集中注意力。

演讲内容是这样的：

"我们脚下的路不是只有一条(停顿)，这是最后我要告诉大家的(停顿)。我所发现的是(停顿):我们要让别人看到我、深刻地看见我们、看到脆弱的那一面；我们要拿出全部的爱去爱别人，即便未必有回报。我是一位母亲，我知道这一点，当他们有所害怕和恐惧时，依然要笑着面对，虽然很痛苦，因为我们会想:'我有办法这么爱你吗？''我能相信这一切吗？''我能继续保持热情吗？'。但是，无论如何，我们都要相信，别再让负面情绪和思维控制你，要告诉自己:'除了感恩还是感恩，因为我们能感受到自己的脆弱，证明我们还活着，这就够了。'最后是，我们相信自己，相信美好的事会发生，才能停止呐喊，开始倾听，我们才会更温柔待人待己。"

的确，对于任何形式的讲话来说，结尾都可以算得上是最具战略意义的部分。而对于致力于提升自己演讲能力的人来说，他们往往在这一方面做得不尽如人意。要知道，当一个人马上结束自己的言论时，他在最后所说的那几句话，说得是否有力，将会影响到整个中心思想在听众脑海中的记忆长久。

以下是几点建议：

1. 总结主题

事实上，我们进行演讲，总是有一定的主题，在演讲者一

段慷慨激昂的的陈词之后，可以用极其精炼的语言，简明扼要地对自己阐述的思想和观点作一个高度概括性的总结，以起到突出中心、强化主题、首尾呼应、画龙点睛的作用，这就是总结式结尾。

事实上，我们看到的更多的是，对于很多只有五分钟的讲话，一些讲话者也会在自己没有意识到的情况下将范围覆盖得很广泛。而到了结束的时候，他们的主要论点还是没有清楚地传达给听众，导致了听众对他主要想表达什么还是云里雾里。

一般只有很少的演讲者注意到了这个问题。大部分人都错误地认为，观点在他们的脑海中已经十分鲜明了，那么对听众来说也是同样清楚才对，但事实呢？当然不是如此，你所说的任何一句话对听众来说都是新鲜的，他们在事先并不和你一样经过深思熟虑，所以，这些观点就好像你丢向他们的弹珠，有的可能真的丢到了听众身上，但是大部分还是掉在了地上。听众可能会"听到了一大堆的话，但是没有一样能真的记在心里了。"。

接下来这一讲话的演讲者是来自芝加哥一家铁路公司的交通经理：

"各位，总结起来，根据我们在自己内部操作这套信号系统得出的经验，也根据我们在东部、西部、北部使用这套机器的经验，我们得出的结论是，它操作简单、准确，另外，还有它在一年内能通过阻止撞车事件发生而节省下一大笔金钱，使我们迫切地建议：立即在我们的南方分公司采用这套机器。"

此处，这段演说之词的成功之处不言而喻，我们完全可以不必要看之前的部分演讲，就能从这段话中感受到整个演讲的中心观点，几个简单的句子，他就总结了整个演讲的全部重点内容。

2. 重述开头

重复式的结尾方式是强有力的——非常清晰，并且能够在讲话中创造出一种节奏感，维持演讲者与听众之间的联系。对于任何一个演讲来说，这都是一种安全、自然的结尾方式。

我们可以在演说中运用以下这些收尾话术：

"我已经说过，同事们，你们都是全公司最优秀的团队。每年，你们都作为公司最优秀的员工站在领奖台上，你们已经无数次向所有其他人展示怎样才能取得优异的成绩。我很高兴，也很荣幸能够和你们一起走向成功。

"可见，我们必须学习一些新软件的操作方法，以便接受并掌握总部所投资的新型的顾客数据库系统。"

"说实话，我们现在不得不改变我们为顾客服务的方式，为那种逐一追踪的销售模式划上一个句号，并创造一个新的系统，让我们随时了解生产线上每一产品的情况。"

"我已经要你们接受管理方式上的转变，并祝贺与支持詹

妮弗升任我们的区域销售总监。"

这虽然这并不是一种别致、激动人心的结尾方式，但是却不仅能帮助你重申演讲主题，还能帮助你巩固信心，特别是当你振奋精神、让你所说的最后几句话具有了一种像音乐一样的旋律时，这种结尾方式对你最为有利。

3. 请求听众采取行动

在希望获得听众行动的讲演中，当你说到最后几句、演讲时间已到时，就要立即开口提出要求，比如，要听众去参加社会募捐、选举、购买、抵制等其他任何希望他们去做的事，当然，这也需要遵从几点原则：

（1）提出的要求要明确。别说："请帮助红十字会。"这是含糊不清的请求，而应该说："今晚就请寄出入会费一元给本市史密斯街125号的美国红十字会吧。"

（2）要求听众做能力之内的反应。别说："让我们投票反对'酒鬼'。"这不可能办得到，眼下我们并未对"酒鬼"进行投票。不过，你却可以请求听众参加戒酒会，或捐助为禁酒奋斗的组织。

（3）尽量使听众容易根据请求而行动。

不要对你的听众说："请写信给你的参议员投票反对这项法案。"绝对部分的听众是不会这么做的，原因多种多样，要么是他们不会有如此强烈的兴趣，要么是他们觉得麻烦，要么是他们根本就不记得。因此，你的请求要让听众听起来觉得简单易行才可以。怎么做呢？自己写封信给参议员，然后在上面附上："我们联名敦请您投票反对第74321号法案。"然后再把你的信和铅笔在听众之间传递，这样你或许会获得许多人签名——当然，最后，可能你的笔也找不到了。

总之，演讲时，我们一定不能虎头蛇尾，最好做到首尾呼应，那么，不仅照应了文章的开头，而且还升华了演说的主题。

在恰到好处时结尾，让听众回味无穷

俗语说：良好的开端是成功的一半。这句话用来说明优秀演讲开头的功用颇为适宜。然而，演讲的结尾同样重要，何时结尾对于很多演讲者来说，也是一个难以把握的问题，因此，免不了要进行演说的我们，不仅要对演说开场引起重视，更要懂得如何结尾，才能使自己的演说在结一片"掌声"中结束。

在TED演讲台上，奈杰·马许在《怎样达到工作和生活的平衡》演讲中，示范了用一句特别的话结尾，不说"谢谢"。

"现在，我想说的是，小事才重要。"

他要告诉观众，要想做到更平衡，不表示你的生活要产生剧变。只要花最小的投资，用在适当的地方，你就可以彻底转

变你的关系与生活的质量。并且，可以改变社会，社会是人组成的，如果大家都这么做，就能改变社会，帮助人们摆脱一个观念：死的时候拥有最多钱的人才是赢家；对于我们究竟应该过着什么样的人生，做出一个更深刻和更平衡的界定。

可见，恰到好处的结尾时机能给听众深刻的印象，其实要结束一次演说并不那么简单，也有艺术在其中。我们再来看看富兰克林在制宪会议演讲中的收尾：

先生，我承认，这部宪法中的若干部分，我现在还不能同意，但我没有把握说，我将来永不同意这些部分。活了这么大的年纪，我已经历过许多场合……但我从未在外面窃窃私语。在此四壁之内，我的话语诞生，也在这里消失。如果我们每个回到选民那里去的人，都向他们报告自己对宪法的反对意见，力图获得一帮一派的支持，这是不可取的，我们或许要避免大家采取这种做法，免得我们的崇高努力前功尽弃，我们真实或表面的全体一致，自然会在世界各国和我们自己人中间产生出高尚效果和巨大益处。任何政府。为了获得和保障人民的幸福，大部分的力量和效能，取决于印象，取决于民众对政府的良好印象，取决于对治理者的智慧和人格完整的良好印象。为此，我希望，作为人民的组成部分，为了我们自己，为了子孙后代，我们采取全心全意、全体一致的行动，尽我们能力所及，推荐这部宪法（如果得到联邦议会的认可和各邦制宪会议的批准），把我们未来的思想和努力，转向治国安邦。

先生，总的来说，我禁不住想要表达一种愿望：制宪会议中每位对宪法或许还有异议的代表和我一起，就此机会，略微怀疑一下自己的一贯正确，宣布我们取得一致，在此文件上签上他的名字。

在这一收尾中，富兰克林总结了自己演讲的观点，发表了自己的愿望——为了我们自己，为了子孙后代，我们采取全心全意、全体一致的行动，尽我们能力所及，推荐这部宪法。可以说，整个演讲在缜密、严谨的推理论述以及有力度的收尾中结束，可谓无懈可击。

为此，在收尾时，你需要注意的是：

1.结尾要达到高潮

激发高潮就是演讲效果要层层推进、逐步向上发展，在结尾时达到高峰，句子的力量也愈来愈强烈。这种方法是很普遍的结束方式。不过，往往较难控制，但是如果处理得当，这种方法是相当好的。

2.把握好收尾的时间

美国作家约翰·沃尔夫说："演讲最好在听众兴趣到高潮时果断收束，未尽时戛然而止。"这是演讲稿结尾最为有效的方法。因为在演讲处于高潮的时候，听众大脑皮层高度兴奋，注意力和情绪都由此而达到最佳状态，如果在这种状态中突然

收束演讲，那么保留在听众大脑中的最后印象就特别深刻。

这里，需要我们掌握好时间，使演讲结束得从容不迫，自然得体。这里，我们所说的结尾要有力度，不可贻误最佳的结束时间，当然不是指毫无准备地突然使演说中断。相反，即使演说恰到好处了，也不可猛地来个"问题陈述完毕""以后再谈吧"等等。为此，这就要求我们审时度势，对于结束演说应事先有个心理准备，并预先留出一点向结束过渡的时间，为结束演说创造一定的条件。否则，在缺乏思想准备地情况下，丝毫没有过渡地突然将演说终止，不仅会给听者留下粗鲁无礼的感觉，还会显得演说虎头蛇尾。

尽管演讲的格式不固定，或对演讲全文要点进行简明扼要的小结，或以号召性、鼓动性的话收束，或以诗文名言以及幽默俏皮的话结尾。但一般原则是要给听众留下深刻的印象。为此，把握演讲结束的时机很重要，结尾一定要简洁有力，不可草草收场！

第 10 章

扭转气氛，如何解决演说中听众的游离

对于任何一名演说者来说，最怕看到的就是演讲中的冷场或者尴尬场景了，考虑到这一点，我们每个演讲者都有一定的危机处理能力，这是衡量一个人综合素质能力的重要标准，更是我们演讲能否成功的基本保证。所以，任何一个演讲者，在学习TED演讲技巧的同时，更要学习其演讲者的应变能力和把控全局的能力，换句话说就是，要善于临场察言观色，在遇到演讲危机时及时调整心态，及时修正补充自己的演讲内容，为演讲成功打下良好基础。

突然忘词，如何从容衔接

对于很多演讲者尤其是那些初次登台人来说，忘词是他们经常出现的情况。可能你事先已经准备得很充分，但却因为紧张、经验不足的原因，在说话时突然出现大脑空白的现象，甚至有一些人一站上演讲台就开始忘词，这种情况下，我们该怎么办？

我们先来看看TED演说者是怎么处理的。

在TED掌门人的《演讲的力量》这本书中，提到了莱温斯基的演讲。

在演讲前，莱温斯基做了很充足的准备，因为这一场演讲对她太重要了，她希望能做到万无一失。下面是莱温斯基给出的几点防止演讲忘词的情况，要点如下：

第一，用谱架代替讲台。因为谱架是倾斜的，当你把演讲词放在上面的时候，你的双手就解放出来了。的确，当你的双手拿着演讲稿或者道具的时候，是影响你的手势的，当你投入演讲的时候，手部动作跟内容是融为一体的，当你不需要用手拿稿，你可以更自由而灵活地掌控你的现场，思路更不容易中断。

第二，将你演说的内容放进一个页面。如果你研究莱温斯基的演讲，你会发现，在整个言说的过程中，她都没有翻页，因为翻页的时候，难免会分心，影响表达。

第三，在演讲词中只写关键词或者提示词，而不是一字一句都写下来。

最后还是强调一下，想做一个好演讲，脱稿很重要。莱温斯基这个例子是想让大家看到，在能脱稿的情况下为了万无一失你可以有什么选择。

当然，在演讲中，如果忘了演讲词，演讲者千万别让自己"卡壳"时间太久，而应强使自己集中思想，争取在两三秒之内回忆忘掉的词语。实在想不起来，可根据原来的意思另换词语，或者干脆另起一行，将下一段内容提上来讲。但前提是我们要冷静下来，不可因为忘词就紧张、乱了阵脚。

总结起来，我们可以运用以下三种衔接的方法：

1. 插话衔接法

当你一旦忘却的时候，立即插入一两句与演讲内容有关的问话。利用短暂的时间，加速回忆下面要讲的内容。

比如讲着讲着忘却了，这时切不可停顿，你应当面向广大听众问一句："同志们，前面这一部分我不知道大家是否听清楚了？"话音落后，你就可以扫视全场，而就在扫视的瞬间，就完全可以想起下面应当讲的内容了。一旦想起，你就可以说："好，既然大家听清楚了，我就继续讲下去。"

2. 重复衔接法

所重复衔接法，就是一旦忘却的时候，要把最后这句话再加重语气重复一遍。这样往往能使断了的思维链条再衔接起来，使演讲顺畅地继续下去。

这里，你所重复的内容是刚刚讲过的，所以不存在什么负担，而且好处是：能够给你争取足够多的时间来想出你忘记的内容。把之前讲过的要点复述之后，再接着讲接下来的内容，这样你就能以一个平静的心态或者稍微平静的心态继续的讲下去。

比如前段演讲最后一句话是："我理解了他们的爱吗？我懂得爱他们吗？"而后段前句话是："从那以后我变了"。一旦前段讲完了，而后一段的前句话又忘了，这时，你可以有意地加重语气，重复讲一遍前段最后的那句话"我懂得爱他们吗？"往往就在重复的这一瞬间，便想起了后段的第一句话"从那以后我变了"。这样，演讲就可以继续下去了。

3. 跳跃衔接法

演讲者常常出现的忘却，并不是把后面的全部忘却了，而仅是把下段的第一句或整段忘记了。这时只好随方就圆，忘却就忘却吧，哪里没忘，就从那里接着讲下去。这就是跳跃衔接法。用这种方法虽然丢掉了几句话，甚至一个段落，但它总不至于因中断而破坏了演讲的气氛，涣散了听众的注意力，影响整个演讲的效果。

当然，这里还需要考虑到的是，如果你所忘记的几句话对于整个演讲主题来说比较重要，而你在跳跃衔接后又想起来了，你可以采取在收尾前补充的办法。比如可以这样说："这里值得一提的是……"就可以把忘掉的重要段落补充进去了。

当然，解决演讲忘词的方法可能还有更多，但在这种情况下，最重要的还是要有好的心理素质，所以我们平时要多注意锻炼自己，在锻炼中提高自己沉着稳定的心理素质和随机应变的能力。

事实上，演讲过程中忘词，其实这是一种非常普遍的现象。如果你留心观察你会发现在工作当中的每一次会议上其实忘词会经常出现。而且在一些大型的晚会上，尤其是一些现场直播的晚会，主持人还有节目的表演者，他们也会经常忘词。我们也还有稳定自己的情绪，故作镇定，才能在轻松的氛围中继续演讲。

总之，一个高明的演讲者，总是能掌控场面，即使在遇到忘词的情况下，依然会活跃演讲气氛，一句轻松的话就能有效地吸引听众的注意力，使演讲内含的信息和情感得以准确传达，以起到拯救演讲危机、让演讲者再度成为听众注目的中心的作用。

遭遇冷场，如何重新点燃听众热情

演讲中，可能很多人都遇到过这样的情况，或许因为你的语言失误，或许因为听者对你所演说的内容突然不感兴趣，原本活跃的现场气氛一下子冷淡下来，造成演讲的冷场。当然，这一局面出现的根本原因在于我们的话没有吸引力。听者仅仅是出于纪律的约束或出于礼貌而扮演一个"接受"的角色。对于演讲者而言，冷场无疑是一种"冰块"，会令其窘迫。

对于这一点，TED演讲大师们称，遭遇冷场时就可以暂停演讲，用笑话和故事来暖场，调节气氛，同时压缩听众不感兴趣的内容，也可以赞美听众，博取好感。也可以提出设问共同思考，以调动听众的参与性和热情。还可以制造一定的悬念，让听众带着悬念继续听下去，激发他们的兴趣。

那么，具体来说，我们该如何将这些方法运用到具体的演讲中呢？以下是几点建议：

1. 变换话题

所谓变换话题，指的是我们在当众讲话的过程中，如果遇到冷场或者某些尴尬的话题时，可以通过暂时变换话题的办法重新吸引听众的注意力、调动听众的情绪。这其中就包括穿插一些趣闻轶事。

遭遇冷场，我们如果能恰当而又适时地讲述一些趣闻轶事，便能抓住人们渴望趣味的视听倾向，会使混乱或呆板的演讲现场马上活跃起来，听众的注意力也被迅速地集中到演讲内容上。这时演讲者仍要回到原有话题的轨道，而效果就要理想得多了。因为趣闻轶事是人们在生活中津津乐道的闲谈资料，生活中的许多情趣即由此而来。

1973 年，阿以战争爆发之后，美国代表前往中东，对话以色列："请坐下来，尝试与埃及政府谈谈，否则你们可能引发第三次世界大战。"在很多人看来，他们的反应很可能会让谈判进入死胡同——"好吧，我们可以和他们谈，不过我们要说的前提是，有一件事情是绝对无法谈判的。无论如何，我们的底线就是不退出西奈沙漠，不管发生什么，我们都不会离开这里。我们在 1967 年时就占领了这个地方，我们的许多油井都在那里。我们绝对不会退出西奈半岛。"

埃及代表告诉对方："好的，这样我们就知道西奈沙漠对你们有多重要了。你们的油井在那里。你们在 1967 年时就已经拥有了这块土地。好吧，那就让我们先把这个问题放到一边。讨论另外一些重要问题吧。"

这里，我们并不否认，埃及人对西奈地区的态度同样坚决，他们要求以色列一定要从西奈地区撤军，可通过使用暂置策略，埃及人先暂且放下了主要问题，转而解决其他一些小问题，并在这个过程中为后面的谈判积聚些能量。这样，当埃及

人重新把谈判的重点转回西奈地区撤军问题时，这个问题似乎就不是那样无法解决了。而最终，以色列人还是从西奈撤走了军队，虽然他们当初曾反复重申自己绝对不会撤军。

2. 制造悬念，激发听众的兴趣

一个高明的演讲者，都会活跃演讲气氛，他们很善于制造悬念。一个好的悬念能起到拯救演讲危机、让自己再度成为听众注目的中心的作用。

因此，在演讲中制造悬念，可以有效地吸引听众的注意力，使演讲内含的信息和情感得以准确传达。如果我们能在出现冷场的情况下，适时地制造一两个悬念，确实是重新吸引听众注意力的非常有效的办法。

普列汉诺夫曾有一次在日内瓦演说的经历，演讲内容是有关于《无产阶级与农民》的，当时会场乱哄哄的，普列汉诺夫根本无从开始演讲，此时，他并没有示意大家安静，而是双手交叉在胸前，目光嘲笑地扫视着会场。看到他的这一动作，会场的一部分听众安静了些，此时，他大声说："如果我们也想用这种武器同你们斗争的话，我们来时就会——（他停顿了一下，大家以为他会说，带着炸弹、武器、棍棒，然而他说出的话却出人意料）我们来时就会带着冷若冰霜的美女。"此语一出，整个会场笑声一片，甚至连一些反对者也笑了起来。普列汉诺夫见时机已到，话头一转，又重新回到了演讲的正题上。

3. 让听众积极参与到演讲中来

造成演讲冷场的原因之一，就是我们单向地陈述问题，而听众被动地接受信息。也就是说，如果在我们以自己的演讲辞和形象的语言来感染听众的同时，听众的积极回应也有利于推动演讲的顺利进行。

因此，要改变这种尴尬局面，可以从此处入手。比如，我们可以向听众提出富有针对性和启发性的问题，可以调动听众参与演讲活动的热情，使他们意识到，自己也是整个演讲的一个重要组成部分，这样会有效地避免冷场和打破冷场。

有一位领导在为群众进行一次有意义的演讲，但因为话题专业性很强，听众并不感兴趣，不到一会儿，听众就开始交头接耳、不愿意再听了，此时，这位领导说："请开小差的同志们想想，如果我们自己的权益受到了侵害，我们又将怎样来寻求法律的帮助呢？"这样一来，交头接耳的听众也就能重新将注意力转移过来。

4. 适时地赞美听众

演说的同时，如果我们忽略了听众，自然会出现冷场。此时，我们应当注意采用恰当的方式，拉近与听众的心理距离。贴近听众的一个有效方法就是发自内心地赞美听众，用重情重理的话语拨动听众的心弦，激起他共鸣，使他重又对演讲发生浓厚的兴趣，从而打破冷场的尴尬局面。

总之，只要我们能做到以上几点，当冷场出现时，及时采取控制手段，就能扭转局面，让演讲得以顺利进行！

任何一个演讲者都希望听众在轻松、活泼的氛围中接受自己的意见和观点，因此，一旦出现冷场，我们就要想方设法把气氛拉回来。

演讲时的口误如何补救

相信不少演讲者都有过这样的经历，我们已经做足了上台演讲的准备，但是在说话时还是出现了口误，让我们陷入尴尬的境地。此时，该如何是好？

所谓口误，顾名思义，指的就是说了不恰当的话。造成口误的原因有很多，比如演讲者紧张或者态度轻率、知识贫乏等。在具体的演说实践中，只要头脑清醒、观察敏锐、判断正确、处理及时和方法灵活，演说者就可以成功地从口误的窘境中摆脱出来。

为此，TED演讲大师们都给出一致的建议：演讲时口误是经常发生的，我们可以置之不理，当作没有发生，继续演讲；或者可以沿着错误说下去，然后再进行自我反驳；也可以歪解错误，将错就错，通过自己的解说将错误拉回正轨。

我们先来看下面的故事：

马如飞是著名的弹唱家，在一次表演时，误将"丫环移步出了房"唱成了"丫环移步出了窗"，这让现场的观众哄堂大笑。

马如飞马上意识到自己的台词错了，但马上，他灵机一动，想到了补救措施，于是，他赶紧补充了一句："到阳台去晒衣裳。"这一巧妙的补白，让现场听众马上报以热烈的掌声。

谁知接下来，表演中，他又将"六扇长窗开四扇"唱成了"六扇长窗开八扇"。这时观众不再喧哗了，而是安静下来，看马如飞如何补救，谁知马如飞依旧不慌不忙，继续唱道："还有两扇未曾装。"台下顿时掌声满堂。

相声界的泰斗马季先生是一位风趣幽默的人。一次，他到湖北的黄石参加演出。

在他上台前，有位演员错把"黄石市"说成了"黄石县"，让现场观众哄笑不已。

当马季登场时，他开场就说："今天，我们有幸来到黄石省演出"这回听众不笑了，而是窃窃私语，马季怎么回事？这时，马季解释道："方才，我们的一位演员把黄石市说成县，降了一级。我在这里当然要说成省，给提上一级。这样一降一提，哈！就平啦！"几句话博得全场观众热烈的掌声和笑声。

马季机智巧妙地圆了场，使演出得以顺利进行。

这里，马季和马如飞处理失误的方法都是值得我们学习

的。可见，演讲时如果出现遗漏或念错词、讲错话的失误，演讲者最好能够悄悄改过，不露痕迹。比如，发现自己漏讲了某一点、某一段，可以随后补上，不必声张；念错某个字词，或讲错某句话，也可以及时纠正，或在第二次出现时纠正。万一听众发现了你的错误，也不要紧，演讲者不妨将错就错，自圆其说。在这方面，表演艺术家有许多成功的经验可以借鉴。

演讲者如果出现类似失误，完全可以借鉴这种补救的做法。例如，某同学做演讲时，想用一段诗作为开场白："浓浓的酒，醇醇的"但他一上台就念成了"酒"将"浓浓的"漏掉了。他灵机一动，将错就错，干脆将诗改成："酒，浓浓的、醇醇的"听众对他的妙改报以热烈的掌声。

那么，究竟应该怎样补救呢？

1. 巧妙否定

这种方法不是直来直去，而往往是通过设问形式巧妙地否定口误。因此，只要运用得当，此法就显得更机智、更有审美价值。

其具体做法：一种是自己提问——自己回答。

例如，某厂团委书记在讲到"我国古代的四大发明是造纸术、印刷术、指南针和青铜器"时，会场立即笑声四起，机灵的演说者马上话锋一转："在上次文化考试中，有份试卷就是这样回答的。对吗？当然不对，四大发明应该是造纸术、印刷术、指南针和火药。"

另一种是自己提问——听众回答。

据传李燕杰同志有次演说发现口误后便说："同学们，这样讲，合适吗？"这时，听众席上便议论开了，胆大的还纷纷答道："不合适。""不对。"李燕杰满意地点着头，又赶紧接着讲了下去。类似的例子尚可举出若干来，仅从这两则就不难看出此法不失为一种良好的脱身术。

2. 无需道歉，直接正误

一旦不小心说错了话，你不必刻意承认错误，也不必道歉，只需要在听众还没反应过来时将正确的话再说一遍即可，这样，既纠正了自己的错误，又能让演讲继续下去。我们来看下面两句话：

请看两句演说实录："1972年8月1日，1927年8月1日，是中国人民解放军的建军节。"

"在这次语文，英语统考中，我校考生取得了较好的成绩，两科及格率分别为85%和90%，分别为90%和85%。"

这里，第一句话中，演讲者的错误在于说错了时间，而第二句演讲者的口误在于颠倒了数字顺序，但演讲者在认识到自己的口误后，都立即给予了纠正。在一些书面材料中，这些失误会让人啼笑皆非，但是在演说中一般听众不会为此大惊小怪，我们演说者也就不必紧张。

从上述分析自然可以得出结论：从根本上讲，克服口误的关键就在于不断提高演说者自身的修养，只要我们巧妙应对，是能使的演讲顺利进行的。

总结和研究口误的补救方法，是演说艺术活动的客观要求。在具体的演说实践中，只要头脑清醒、观察敏锐、判断正确、处理及时和方法灵活，演说者就可以成功地从口误的窘境中摆脱出来。

遇到反对意见，如何轻松驳回

演讲中，我们在向听众传达观点时，并不一定能说服所有的听众接受你的观点，那么，突然遇到听众的反对意见该怎么办呢？如果不处理好，将使自己陷入尴尬境地，甚至阻碍演讲继续下去。而此时，如果我们能顺水推舟，由着别人的意思顺延下去，那么，常常会制造出"柳暗花明又一村"的效果，巧妙驳回听众的反对意见。

对此，TED演说大师们给出几点建议：在演讲中或者演讲结束，往往会有听众就不同的观点或不懂的地方进行提问。这时我们一定要记住提出的问题和提问的人，看着提问人复述问题后再回答，一方面是尊重提问人，另一方面也给自己思考的时间。回答时一定要看着所有听众，回答的简洁恰当，又能结合演讲内容。

众多周知，林肯是个长相一般的人，在某个公共场合，有记者故意找茬"你长成这个样子，还出来干什么？不如躲在家里别出来。"

这话自然是很不礼貌的，但林肯只是淡淡一笑，回答道："很抱歉，我这是身不由己。"

号称"无冕之王"的记者是非常擅长给名人们制造麻烦的，有许多名人都曾面对过记者的刁钻提问，常有无法回答的烦恼。如果应对不慎，就会使自己的形象大受影响，这是显而易见的，但那些充满智慧和才学的人往往能八仙过海，各显神通，这里使用的就是顺水推舟、制造幽默的方法，"身不由己"是就他的长相来说的，天生如此，他也没有办法。大家听了，都笑了起来，难堪的局面就过去了。

一天，在某公司招聘处，一个年轻人前来应聘，但他已经是最后一个，当他走进招聘办公室，看到经理已经在收拾东西了。他只盼着赶紧面试完最后一个人，好快点回家休息。经理瞥了一眼小伙子，便面露难色地说："我们不能雇用你了。因为这里已经有足够多的职员，我们连他们的名字都登记不完。"经理想让小伙子知难而退，却没想到，小伙子气定神闲地说道："既然这样，那我看你们还缺少一人。不如您安排我

做这份工作，我来专门为您登记职员们的名字。"

经理吃了一惊，想不到这个其貌不扬的小伙子居然能一语惊人。他马上放下正在收拾的东西，认认真真地询问起小伙子的情况来。最后，小伙子凭借着自己风趣的谈吐和自信的风度，成功进入了这家知名企业。

生活就像巧克力，没有人知道下一颗是什么味道。就像这个故事里的小伙子一样：被拒绝，没什么大不了的。不要把尴尬看成尴尬，多一点点自信，你就能灵机一动，把别人给你出的难题顺水推舟地还给对方，用幽默的应答让对方对你刮目相看。

当然，要利用顺水推舟的方法制造幽默，从而解除危机和矛盾，还需要我们从一些逻辑思维方法上入手：

1. 反向思维，以怪制怪

在罗斯福当选美国总统前，曾在海军任要职。一天，他的一位朋友向他打探海军在加勒比海一个小岛上建立海军基地的保密计划。罗斯福向四周看了看，压低嗓门说："你能保密吗？""当然能！"朋友爽快地答应了。"那么，"罗斯福微笑地说，"我也能。"

罗斯福以怪制怪的反向思维确实应用的恰到好处，既让对方明白了自己的态度，又对对方这种行为的不合理性加以反驳，以同样的手段应对，甚为高明。

演讲中也是如此，在听众发出反对意见前，我们最好防患于未然，只有做到理据充足，才能堵住听众的嘴。因为反对意见出现后再处理难免会加大解决的困难，也可能会造成听众心理上的对抗。

2. 将错就错，随机诡辩

既然无法正面辩解就将错就错，也可随即应变来阐释于有悖于常理的哲学，以此"化腐朽为神奇"。

一个推销员在一家百货商店里展示他的"折不断的梳子"，他让梳子接受各种压力的考验以此吸引人们的目光。最后，推销员把手握在梳子两端向中间弯折，啪的一声，号称"折不断的梳子"断了，他不失时机地拿起两半梳子让大家看，并高声说到"先生们，女士们，我想让大家看看'折不断的梳子'的内部结构……"

号称"折不断的梳子"断了，甚为尴尬。而推销员将错就错，显得十分沉稳老练，并说是自己有意让大家看梳子的内部结构，缓解了紧张的局面，值得称道！当然，这里的顺水推舟，是顺的自己的水，是本着解决自己无意酿造的危机为目的的。

3. 巧踢皮球，轻松回应

以与自己相关的生活理论做"挡箭牌"，符合逻辑，轻松扳倒对方。

作家对厨师说："你没从事过写作，没有权利对我的作品提出批评意见。"

厨师对作家说："我一辈子也没下过蛋，可是我能尝出炒鸡蛋的味道如何，母鸡能吗？"

厨师根据逻辑推理反驳作家，这样类推，作家成了母鸡。既阐明了道理，又让作家自食其果，哑口无言。

演讲中遇到听众的反对意见，我们需要以高度的机智、敏锐的眼光找到解决问题的方法，然后轻松地给开个玩笑，有时候，问题便迎刃而解！

列好框架，做好演讲布局

我们都知道，演讲是一门艺术。好的演讲能激发听众情绪、赢得听众的好感，而演讲者如果希望演讲真正起到打动人心的作用，就要做到演讲时思想丰富、深刻，见解精辟，有独到之处，发人深思，语言表达要形象、生动，富有感染力。

事实上，任何一个TED演说者都知道在演讲前要做足准备工作，其中重要的一点就是一定要在头脑中列好演讲的大纲和框架，因为他们明白，如果演讲时语言平淡无味，观点毫无新意，即使在现场"演"得再卖力，效果也不会好，甚至相反。另外，做好演讲的布局，也能减少听众游离的意外状况。

不难理解，列演讲的大纲和框架，指的就是预先对讲话进行总体设计，是对讲话方式、过程、意图等进行的架构。我们先来看看下面的故事：

我们先看下面一位大学生的职业规划脱稿演讲：

小刘是一名即将毕业的工商管理专业的大学生，在毕业典礼上，她需要代表全系同学进行一次职业规划脱稿演讲，对此，她准备良久，登台之前，她深呼吸一口气，然后闭目养神，将预先练习好的讲话过程再过滤了一边，然后大胆地走上了演讲台。

"尊敬的老师，亲爱的同学们：

大家好！我是来自工商管理系的选手××。这里，我想跟大家分享一下的职业规划。首先明确一下我的职业目标职业经理人。

第一步是我的自我分析：我是一个独立、坚强、有责任心的女生，与人打交道的过程中，我热情、大方，所以大家都比较喜欢我。当然，我的性格里也有一些劣势的特征，比如缺乏主见，做事不够果断、冲动等。另外，在能力的自我评估方面，我是个有较强的观察分析能力、逻辑思维能力、组织协调能力、交际沟通能力、创新冒险能力的人。这些都是成为一名管理人才必备的能力。

第二步是我对职业经理人的一些见解。我认为，要成为一

名合格的职业经理人要具备四能、三素、双赢、一心这4点。四能就是决策能力、执行能力、组织能力、协调能力。三素就是道德素质、文化素质、个性化因素。双赢强调的是在处理公务、商务、事务中应结盟取胜。一心就是一心放在工作上，对事业精益求精。

当然，这只是规划，实现目标还需要有行动，这就是执行能力。关于我的执行能力，我给自己定的目标是，我在大学期间通过英语四六级，学好专业知识考取人力资源管理师证书。毕业后五年争取进入一家大型外资企业，我想我在这里有充分的发展空间，我会以自己的能力成为部门主管或经理。之后几年我会不断学习充实自己，从中层到高层管理职位晋升，最终成为一名职业经理人，实现自己成为高级管理人才的梦想。

'凡事预则立，不预则废'。我想对于自己的人生规划也是这个道理，因为人生就是一部作品，谁有生活的理想和实现的计划，谁就有好的情节和结尾。不管我的职业规划实现的过程是何等的艰辛，我坚信通过我的拼搏，我会有个成功的职业人生。"

当她讲完之后，学校礼堂响起了热烈的掌声。

这篇职业规划演讲中，这名学生从自我剖析、职业理解和行动力方面做了全方位的分析，有理有据，结构分明，让人一目了然。

那么，具体来说，我们该如何构思演讲的环节和内容呢？这需要我们从三个方面努力：

1.整体内容的构思

要做到构思，首先就要从整体把握。这就要我们根据要演讲的目的和场景，确定演讲的主题，并搜罗那些能验证我们观点的材料。在构思的过程中，对材料进行分析与加工，你要确定哪些材料可以用，哪些不可用，以及哪些在加工后才能用，从而使自己讲话的主题建立在充分证据的基础上。这样不但会让讲话内容更充实，也会让自己在讲话时心境更放松，更有自信。

2.对讲话的结构与过程进行构思

一场好的演讲，在结构上必定是气势磅礴的，也就是说，好的形式很重要，而内容只是其中一个方面而已，而我们也发现，即便是一模一样的说话内容，在被不同的演说者演讲出来之后，所产生的效果也是差之千里的，我们不难发现，即便同样的演讲内容，被不同的演讲者叙述，也会产生完全不同的效果，这是为什么呢？

就是因为他们处理讲话结构的方式不同。一场绝妙的演讲包括开场白、中间部分和收尾，人们常常将这三个部分形象地描述为"凤头、猪肚、豹尾"的式样。

在构思这三个部分时，你需要注意的是，对于第一部分，你不可操之过急，而应该先将听众的注意力吸引过来，然后再

展开内容，这一部分要求语言设计巧妙，有吸引人的强烈效果。中间部分则应该层层递进，不断制造高潮，控制听众的思绪，同时语言要充实、舒展，能将要表达的内容完整准确地表达出来。结尾部分则应该用简洁有力的话语迅速收住，不拖泥带水。

3.关键环节的构思

讲话要引人入胜，还必须巧妙设计一些关键环。

那么，什么是关键环节呢？要么是对观众兴趣的激扬，要么是对话语内容的强调。幽默、悬念、流辩等话语，是能够让观众高兴、为观众提神的话语，这类话语在整个讲话进程中合理布局，可以让观众处于持续的兴奋状态，是激扬兴趣的关键点。而需要观众认真去听的某些内容，则可以通过重音，通过敲击声，通过向观众提问来提醒他们注意。

总之，演讲是否进行认真的构思，是否列好框架和大纲，将直接影响讲话的水平与效果。脉络清晰、构思详细准确，讲话将更流畅、更充实，否则难免在演讲中出现各种纰漏。

第 11 章

幽默渗透，演讲中严肃的问题要轻松说

　　演讲，作为一种直抒胸臆的语言表达，早已经成为一门语言艺术。而幽默，作为语言的润滑剂，常常成为名人演讲中不可或缺的亮点。TED演讲中那些成功的演讲者也不是天生的，而是经过长期的锻炼，不断吸取自己每次演讲的经验与教训，磨练演讲的技巧而成。同样，生活中的你，不论你是专业的演说家，或只是偶尔演讲，或是从来没有在大家面前讲话，都可以努力去创造、发展并运用你的幽默力量！

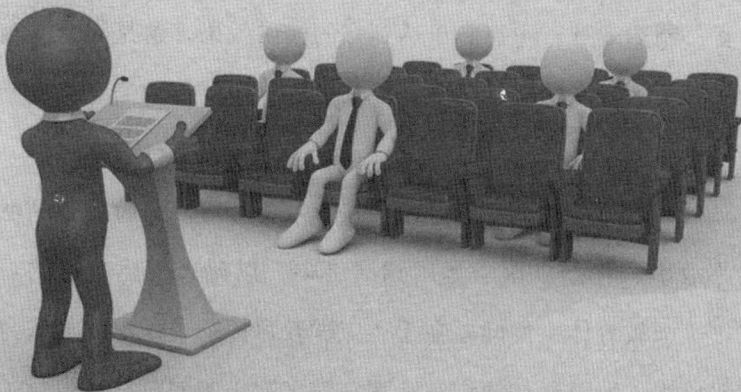

大脑喜欢幽默，别把话说得太过严肃

我们知道，任何演讲，只有在达到打动听众、激励听众的效果时，它才是有效的、要达到这一效果，除了讲究以情动人、以理服人外，对演讲内容的精心策划和安排也十分重要。演讲者不能板起面孔光讲大道理，来显示自己演讲的深刻和发人深省；也不能光以表达自己的思想和情感为满足，如果流于空洞的说教、现象的罗列和人云亦云的老生常谈，听众的注意力就无法集中，演讲也难有好的效果。而假若演讲者能在演讲中恰当地使用幽默的语言，那么，便能营造和谐，轻松的气氛。

对此，每个TED演讲者都给出建议：演讲中，无论是你要说的话还是话题，都不可太过严肃，因为人的大脑喜欢幽默的因素，制造幽默，更有利于达到好的演讲效果。这是因为：幽默能够消除观众的心理防线，使其更容易接受你的信息，也能增加你的个人魅力。

TED演讲者肯·罗宾逊曾在TED大会上巧妙地通过讲幽默的小故事，将幽默因素运用到演讲中，以此来传达自己的观点：美国教育体系的问题在于，应试教育扼杀了孩子的创造力和想象力，罗宾逊的演讲在给观众带来欢乐的同时，还引发了他们的思考。

下面就是他在 TED 上说的一个幽默小故事：

"我最近听到一个关于小女孩画画的故事。这是个 6 岁的小女孩，坐在教室的最后排，她的老师说她上课不爱听讲，但是只要上美术课就十分认真。

"有一天，美术老师走到她身边，问她：'你在画什么？'

"小女孩回答：'我在画上帝。'

"老师说：'可是没有人知道上帝长什么样子。'

"小女孩回答：'他们马上就知道了。'"

可见，幽默的作用是不可估量的。幽默是演讲不可缺少的要素，恰当的幽默往往是一次成功演讲的点睛之笔。

我们先来看下面这些幽默演讲的精彩案例：

一次，作家林语堂在台北参加某院校的毕业典礼，很多人发表长篇大论，轮到他讲话时，听众已经疲倦难耐，只见林语堂站起来说："演讲要像姑娘的迷你裙，愈短愈好。"话一出口，全场变得鸦雀无声，然后哄堂大笑，演讲者很好地表达了观点，赢得了听众。

2006 年 10 月，法国前总统希拉克在北大发表演讲。在回答一位学生的提问时，麦克风忽然出现了一点故障，尴尬的场面发生了。这时，这位 74 岁的老人像孩子般做了一个顽皮的鬼脸，耸耸肩说："这可不关我的事，我没碰它。"一句话引来

全场听众的笑声和掌声，尴尬气氛顿时消散。

作家王蒙说过："幽默是一种成人的智慧，是一种穿透力，一两句就将那畸形的，冷漠如冰的东西端了出来。它包含着无可奈何，更包含着健康的希冀。幽默也是一种执拗，一种偏偏要把窗户纸捅破，放进阳光和空气的快感。"

美国亚利桑那州有个叫老森姆的人。他在讲台上度过了40年生涯，一直有办法从头至尾使会议厅"满座"。他全凭幽默的力量，凭着戏剧性效果，一张口就给人以生动、逼真、有趣的感觉，听众全被他吸引住了。下面就是有关他的例子：

森姆说："对不起，刚才我冒充来宾坐在观众席上。"他做了个手势，"这儿的司仪不知何故突然挑上了我，要我代替今天的主讲人，因为主讲人迟到了。"他耸耸肩，表示无可奈何，"我又惊又慌又怕。我尽力使司仪相信我不知如何是好，我对他说我是结巴，当我一开口讲话，我就会变得语无伦次，气也喘不上来。"

他真的在某个词上打了结，好容易才摆脱掉，继续说："诸位也是又惊又慌，现在的情况很不安定。也许你们在为我感到难过，并且愤愤不平，说司仪不该把我推入绝境。"他最后吐一口气，说："好吧，也只有这样了，请听众们帮我一把，帮我渡过这个难关吧!"

老森姆是个幽默的人，他调动现场气氛的方法就是开了一下自己的玩笑，从而给听众一个亲切的、可笑的形象。

的确，幽默是人人喜欢的一种品格和能力，它蕴含着人类的智慧，善良和奇巧，能给人带来美感享受。有位演讲家说过，发挥幽默力量的一个重要目标就是要让听众赞成，并喜欢演说人和他所说的话，要是他们喜欢上演讲的人，那么肯定会喜欢他所做的演讲。

有一次，乔治·贝特应邀参加美国的一家保险公司举办的演讲会，演讲会的前一天是公司的联欢会，经理们参加晚宴到很晚才回来，但回来却发现，供水出现了问题，他们无法沐浴，并且也无法饮水，这样，这些经理们心情烦躁不安。

第二天早上，大家都看起来蔫头耷脑地参加演讲会，面对这样一群听众，乔治·贝特故意装出对事情一无所知的样子说了几句开场白："我还是第一次见到保险公司在晚上举行那么热闹的联欢，而我也是第一次发现，那样的狂欢竟然不能使经理们快乐起来。"

这里，在演讲前的晚上，这些听众，也就是保险公司的经理们因为住宿条件出了问题而闷闷不乐，乔治·贝特正是了解了这一切之后，才与他们开了个玩笑，从而消除了他们的负面情绪，让演讲在一片和谐轻松的氛围中进行。

那么，如果你是一名演讲者，你该如何通过幽默来调动演讲气氛呢？

当你以幽默力量来帮助演讲的开头，你就吸引了听众的注意，活跃气氛，松弛紧张，并建立你与听众的友好关系。当你渐渐进入了演讲的主题时，还需要继续你先前的努力。

因为人的注意广度很短暂，尤其当演讲人以单调低沉的语调，在某一个主题上平淡而谈时，听众更易感到乏味，而分散注意力。这时就须再次抓住听众的注意！改变一下话题，或者改变讲话的方式，以一则笑话或一句妙语给予听众幽默力量。

如果你说个笑话，只是为了引人发笑，那么听众的注意力很可能随着笑声的起落而移开。因此不要插入不相干的幽默。幽默要和当时的话题有关，使它成为你的信息的一部分，使它成为幽默力量！

总之，为了做一个生活中和辩论场上的常胜将军，任何一个参加演说的人都应该有意识地培养自己幽默的素质，这就要求首先要有渊博的知识和宽阔的胸怀，对生活充满信心和热情；其次，要有高尚的情趣，丰富的想象，开朗乐观的性格！

幽默开场，迅速炒热演讲氛围

我们都知道，任何演讲，都必须以一定的话术开场。因此，演讲的开场很重要，它可以奠定整个演讲过程的基调。但万事开头难，演讲也不例外。如果开场白毫无新意，那么即使内容丰富、道理深刻，也无法有效地吸引听众，那么，接下来就很可能会出现听众昏昏欲睡的场面。幽默的开场白是演讲者明智的选择，因为这不仅能使台下的听众眼前一亮，而且人在轻松的氛围里能有效地思考问题，从而使自己的演讲抓住人们的心。

TED演讲者们认为，笑声对于增强团队凝聚力起到了重要作用，是能制造让场面火热的因素。幽默是"一种沟通方式，能吸引他人注意力……笑声不仅可以传递信息给他人，还能够激发和加强他人的积极情绪，影响他们的行为，使其对你产生认同感"。

就演说者来说，如果他一开始讲话就很严肃，那么接下去的演讲就很难活跃起来。而演说者与听众的关系一旦在开始就是疏远和隔膜的，以后便不好拉近。所以，开场时幽默一下是有好处的。它可以使演讲者和听众都处于轻松的状态，缩短双方的距离。而且，在演讲的正文开始以前，逗乐有充分的自由，有各种各样逗乐的题材和方式。

不过，如何运用幽默方式开场也是有一定的技巧的，最知名的TED演讲者从不讲笑话，除非你是职业喜剧演员，否则你讲笑话的样子会很不自然。想想看，和客户第一次见面，你会一开口就讲你刚刚在网上看到的笑话吗？不会。那么你为什么

一定要用讲笑话的方式开始一场商务演讲呢？其实真正幽默的开场方式不但得体，还能给人留下深刻的印象。

有一位小伙子在自己的婚礼上的开场白充满了幽默和温情。

"尊敬的各位来宾，大家好！感谢大家百忙之中来参加我的婚礼，大家看得出来，我今天很开心，也十分激动，因为今天我结婚了，现在，我难以形容我的心情，但是我要对大家说声'感谢'。首先我要感谢所有的亲朋好友愿在这个美好的周末，特意前来为我和她的爱情做一个重要的见证。其次，要感谢我妻子的父母，我想对您二老说，谢谢你们的信任，谢谢你们能把你们呵护了二十几年的掌声明珠交给我保管，我保证，我会一直让这颗明珠灿烂夺目的。最后，我要感谢在我身边的这位在我看来是世界上最漂亮的女人。昨天上了一夜的网，网上说现在世界上男性人口是29亿8千万，我竟然有兴的得到了这29亿8千万分之一的机会成为你的丈夫，所以我想说，谢谢你。但是此时此刻，我的心里却对你有一丝深深的愧疚，在认识你之前和认识你之后，我还一直深深地爱着另一个女人，并且就算你我的婚姻也无法阻挡我日夜对她的思念，那个女人也来到了婚礼现场。亲爱的，她就是我的妈妈。妈，谢谢您，谢谢您把我带到了这个世界，让我学知识，教我学做人，让我体会到世界上最无私的爱，给了我世界上最温暖的家。我想说，妈，辛苦您了。此时此刻我很幸福，因为我遇上了这世界两位最善良美丽的女人。"现场响起了热烈的掌声。

这个小伙子的一段开场白实在令人拍案叫绝，这里，他所感谢的对象可谓一个都不少，有他妻子的父母、他的妻子、他的父母以及所有的来宾，令在场的人都为之动容。

幽默的开场白从一个侧面体现了演讲者的智慧和才华，体现了他对将要进行的演讲充满了信心与期待，所以受众会逐渐为演讲者的个人魅力所吸引，过渡到为演讲本身所吸引。可见幽默的开场白对于演讲的开展是至关重要的。

那么，具体来说，演说者如何在开场白中运用幽默的素材呢？

1.作幽默介绍

有个叫贝尔的作家，对政治家们颇有成见，但他受托在一次宴会上介绍一位官员演讲。

贝尔说："我应邀来介绍这样一个人，因正直而受人尊敬，因人道而受人爱戴，因勇敢而受人钦佩。"

他停了片刻，接着说："这样一个领袖，一个有远见的人，卓越的协调者，伟大的政治家，可惜他可能没有来!"

人们全都愣住了，目光一下集中到这位官员身上。

这位官员居然面不改色地站起来，微笑着走向讲台。他说："诸位，贝尔把我介绍得够详细的了，我没什么可补充的。需要更正的是，我来了，因为他说我勇敢，我就来打肿脸

充胖子吧。"

这位老练的官员走到指定的位置上，继续说："贝尔把我塞进了蜜蜂桶里，我希望我的舌头能不辜负他赏给我的蜜。"

听众大笑起来，对他的风趣和勇气倍加赞赏。

这位官员是如何使用幽默语言做自我介绍的？他是借着贝尔给他戴的高帽而走上讲台的。可以说，这些风趣的开场白，无疑要比单调刻板的自我介绍强多了。

2.开开自己的玩笑

美国有一位黑人先生约翰罗克在面对白人听众作关于解放黑人奴隶的演说时，他的第一句话是：

"女士们，先生们——我来到这里，与其说是发表讲话，还不如说是给这一场合增添一点'颜色'。"

这是一个自嘲式的开场白。意思是他的出现使全场皮肤的颜色在白色之外添了黑色。听众大笑起来。这一笑就冲淡甚至消除了由于种族差异而造成的心理障碍，使种族问题这一敏感和沉重的话题变得轻松起来，有利于他为自己的观点争取更多的支持者。

3.借助听众的"掌声"制造幽默，代替说"谢谢"

1935年，高尔基参加会议时，代表们要求他讲话。他上台后，与会者长时间鼓掌。掌声停息，高尔基灵机一动，微笑着说："如果把花在鼓掌上面的全部时间计算起来，时间浪费得太多了。"

全场报以会心的微笑，大家都很钦佩高尔基的谦虚和机智。

大文豪高尔基的幽默开场别具一格，富于才气。美国著名外交家基辛格也有关于掌声的出色发挥。

有一次基辛格应邀讲演，等主持人介绍后，听众马上站立，长时间鼓掌。掌声停歇后，听众慢慢坐下来。基辛格开口说："我要感谢你们停止鼓掌，因为要我长时间表示谦虚是很困难的事。"

这一风趣的开场白表现出基辛格杰出的语言才能，比起连声说"谢谢！谢谢！谢谢诸位！"效果不知要好多少倍。

总之，演讲活动中，诙谐幽默的开场能让大家会心一笑，放松整个现场的氛围。

寻找幽默素材，穿插到演讲中

任何优秀的演讲都必须能起到正面的、积极的、鼓舞听众的作用，引起听众深深的触动和共鸣，点燃人们心灵中追求真善美的火花，激发起新的生命力和创造力，从而跃向生活新的高度。因此演讲者若能穿插幽默，把看似矛盾重重、无望解决的问题换一个角度思考，则能使听众豁然开朗、回味良久并茅

塞顿开。

然而，我们不是每个人都是喜剧演员，因此也不擅长讲笑话，如何让观众开怀大笑？一个方法就是引用别人的幽默话语，可以是名人、普通人、家庭成员或是朋友说过的，这些都说幽默素材，这正是TED演讲者所做的。

例如，卡门·阿格拉·迪地引用了他母亲的话："我把羞耻与连裤袜一起扔掉了。"一些演讲者在引用他人的幽默话语时还会给出一句评论，以增强幽默效果。比如罗里·布莱穆勒说："2006年，美国抵押银行家协会的领导人称：'我们可以清楚地看到，没有什么惊天动地的大事能够摧毁美国经济。'这真是一个忠于职守的人所说的话。"（我们都知道。2008年发生次贷危机导致几个主要金融机构崩溃，引发了美国继大萧条之后最严重的经济衰退。）

事实上，只要我们善于寻找，都能找到一些幽默素材，让演讲妙趣横生。

世界球王贝利有着20年的足球生涯，参加过21364场比赛，共踢进1282个球，并创造了一个队员在一场比赛中射进8个球的纪录。

不仅他超凡的技艺让观众们叹为观止，而且他的口才也很出色，当他个人进球记录满1000个时，有人问他："您哪个球踢得最好？"贝利笑了，意味深长地说："下一个。"

他的回答含蓄、幽默，耐人寻味，像他的球艺一样精彩。

贝利这一简单的回答，不仅体现了他的幽默，听后更让人们领悟一个道理：在迈向成功的道路上，每当实现了一个近期目标，决不应自满，而应迎接新的成功，应把原来的成功当成是新的成功的起点，应有一种归零的心态才永远有新的目标，才能攀登新的高峰，才能获得成功者的无穷无尽的乐趣。

同样，演讲的一个重要目的是为了开解人们心中的疑惑，激起人们对生活的信心。演讲者若也能如贝利一样，在演讲中渗透一些幽默元素，那么，也能让听众回味无穷，从而悟出你的话中含义。

当然，幽默要有创意，是形象思维，因而联想和想象是不能没有的。幽默没有现成的模式可以遵循。我们面对的是变动不息的人群，所以幽默也只能因人因事而异，才能达到效果。

那么，演讲者该如何在演讲中穿插幽默呢？

1.含蓄表达，言有尽而意无穷

幽默应该引人发笑，但高级的幽默又最好可以让人回味。幽默是言近旨远。这里还有一个萧伯纳的故事：

有一个朋友邀请萧伯纳赴宴，想让萧伯纳给他弹钢琴的女儿美言几句，好借此名扬天下。萧伯纳一到朋友家，女孩就迫不及待地弹了起来。弹了半天，萧伯纳一言不发，女孩只好先开口说话："我没有妨碍到你吧？"萧伯纳若无其事地说：

"没关系，你弹好了。"

萧伯纳的话幽默、简约、含蓄，有弦外之音，非得经过琢磨才好领会他的意思。演讲者在演讲时也可以使用这一方法，演讲内容的中心思想，有时候并非直接道明，一个小小的幽默便能为你传达，起到言有尽而意无穷的效果。

2.穿插故事法

在演讲中，为了增强演讲效果，加深听众印象，可以穿插现成的幽默故事。 一个短小的故事，精彩动人，令人回味无穷，也许会使人精神焕发、斗志昂扬、自信振作；也许会使某些意志薄弱的人从垂头丧气的失败中清醒过来，吸取教训，重新振作起来，建立起奋斗的目标和迈向成功的决心和信心；也许会使人们从悲观转为乐观；也许会使人们从失败中站起来，甚至潜移默化地改变人的一生，甚至能改变人们的人生观。

穿插时要注意：穿插进来的内容一定要同话题有关，能起到说明、交代、补充的作用；穿插的内容务必适度，不可过多过滥，以免喧宾夺主，中心旁移；衔接务必自然得当，切不可让人觉得勉强或节外生枝。

3.穿插文字游戏

一位演讲者这样演讲："朋友们，经营有道，投机有方呵，有一首诀窍铭这样告诉我们：位不在高，头尖则灵；官不在大，手长则行。斯是诀窍，惟吾钻营：对上捧粗腿，对下用私人；吹牛克鸿运，拍马不碰钉。可以开后门，讲交情。无正义之细胞，无原则之准绳，烟酒来开道，金钱能通神。孔子曰：'何鄙之有?'"

演讲者巧妙移接，仿词得当，给人一种明快犀利、生动活泼之感。

可见，在演讲中，合适灵活地运用幽默，能大大提升你演讲的效果，给听众带来更多的笑声，从而使你的演讲稳操胜券。当然，穿插幽默以达到渗透演讲思想的方法是不胜枚举的，关键是演讲者能在演讲中恰如其分地把握住演讲的气氛和听众的心态，自然而真实地运用幽默，才能使演讲达到"余音绕梁，三日不绝"的轰动效应。

自然表达，演讲不要为了幽默而幽默

任何一名演讲者，都渴望从演讲伊始就全场火爆、笑声连连、气氛热闹，为此，演讲者们都煞费苦心以幽听众一默。诚然，幽默的运用可以为演讲增加光彩，但是这并不是为了幽默而幽默的矫揉造作，幽默的运用是讲究真实而自然的。适情适性地自然表达，才是上台演讲的最高艺术。因此，演讲中的幽默必须要言之有物。

TED演讲者们认为，不少商务人士放弃了使用幽默而导致演讲无聊至极。他们建议，可以调侃一下自己，围绕演讲主题讲讲自己的玩笑，虽然这需要勇气，但却能用最自然的语言展示自己最真实的一面，而不是扮演其他人。让你会心一笑的事，也可能会让别人笑。

如果你还是不相信幽默能帮你赢得观众的心，那么我们可以换个思路。研究表明，笑对健康有好处，它能降低血压，增强免疫力，改善呼吸，增加活力，让你感到舒适。当你感到舒适时，你的演讲也会更出色，这难道不值得高兴吗？

TED演讲者并不建议在演讲中随便讲笑话，要知道，一个讲得很差劲的笑话，或者一个讲得不错但内容并不讨巧的笑话（这更糟糕），会迅速降低你在观众心目中的地位。

幽默为TED演讲者的演讲加分，也会为你的演讲加分，但前提是你必须学会创造性、自然地把幽默融入你的演讲。重复老套、粗俗甚至下流的笑话，没有任何意义，甚至会让观众反感。

语言要富有幽默感，必须言之有物，使其形象生动。以实求幽默，幽默有；以虚求幽默，幽默无。语言真实形象生动，能促人联想，产生"具象"，让人感觉余味无穷。

那么，具体来说，演讲者该如何使幽默言之有物呢？

1.随机应变，现场发挥

在演讲中运用幽默，应当自然，而不要勉强。如果你牵强说出一个幽默，你的听众可能会思想上开小差。与其仿效别人的风格，不如自己找一个轻松的、可以为演讲注入生气的幽默。

钢琴家波奇有一次应邀到福林特去演讲，结果大厅里落座的人稀稀拉拉，没有多少人到场听演讲，于是主持人感到场面有点尴尬。而波奇则在开场白中就以他特有的幽默化解了这种尴尬。他说："令人尊敬的福林特人到底很富有，来听我这样一场演讲还一个人买了好几张票。"波奇幽默的谈吐活跃了气氛，一下子拉近了他与听众的距离。

波奇幽默就都是随机应变，根据当时具体情况的发挥，而且都是对当时情况的真实反映，表达的是自己的真实感受，所以很自然，很真实。

2.制造悬疑

以热切的语调、真实的细节和充满戏剧性的情节引出你的幽默力量，在关键的那句话说出之前，不妨制造一些悬疑。

我国著名作家老舍先生是好幽默的。他在某市的一次演讲中，开头即说："我今天给大家谈六个问题。"接着，他第一、第二、第三、第四、第五，井井有条地谈着。谈完第五个问题，他发现离散会的时间不多了，于是他提高嗓门，一本正经地说："第六，散会。"听众起初一愣，不久就欢快地鼓起掌来。

老舍在这里运用的就是一种"平地起波澜"的造势艺术，

打破了正常的演讲内容，从而出乎听众的意料，而且幽默借势而来，非常自然和真实，收到了良好的幽默效果。

演讲人不能迫不及待地要把妙语趣事说出来。因为笑话要发挥趣味的效果，一定要让听众有出乎意料的感觉。因此，要好好讲你的笑话、妙语或警句，不要操之过急，过早泄漏天机。

当你以讲话来说笑话时，对重要的、关键的字眼要加重，以强化笑话的效果，在重要的语句说完之后要停顿一下，以加深别人对它的印象。

因此，如果你想要抓住听众的心，就要以热切的语调、真实的细节和充满戏剧性的情节引出你的幽默力量，当你演讲的时候，要如行家一样把你的幽默力量运用自如，把幽默力量真实而自然地表现出来。

的确，演讲中恰当地运用幽默的手法，既可活跃气氛，振奋听众精神，又能增强演讲的感染力和吸引力。在演讲中常用的幽默手法也很多，比如自我解嘲法、妙用笑话法、以矛攻盾法、正话反说法、大事化小法、适度夸张法等等。当然，在演讲中运用幽默手法必须恰当，如果运用不当，则会适得其反。要让你的幽默语言言之有物，除了在使用方法上正确外，你还必须注意以下几个问题：

运用幽默手法时，一定要分清对象，分清是对敌人还是对朋友。这里有个态度和分寸问题，如果忽视了这个问题，就容易伤了自己的同志。

切忌使用那些具有歧视性的幽默，演讲时要把自己摆进去，这样才不至于刺伤听众。

切忌使用粗下庸俗或肤浅滑稽的幽默，否则，不仅不会增强演讲的效果，反而会产生不良的影响。

笑一笑，运用幽默解除演讲中的不利因素

任何演讲者都希望演讲能顺利、轻松、在一片掌声中结束，但实际情况并非如此。因为任何人也不能保证演讲中不会出现意外情况，比如，听众注意力不集中、故意捣乱或者提出刁钻古怪的问题来为难演讲者等等。遇到这些情况，一些新手们可能会愤怒、气馁甚至恶语回敬对方，但这样无疑会使你的演讲惨败，而优秀的、经验丰富的演讲者们往往都能以幽默的方式沉着机智地应付各种意外事情的发生，并且能做到反客为主，给对方温柔的一击。

当然，运用幽默解除演讲中的不利因素，并不是一件简单的事，这需要我们熟练使用幽默这一技巧。

美国喜剧巨匠杰瑞·宋飞曾参加过TED演讲，在他的演出

中大概有一半以上都要讲笑话，他一开始认为自己说的都是"垃圾"，苦练了几年以后才炉火纯青。杰瑞·宋飞曾称，演讲中我们使用何种幽默以及如何表达幽默，都需要精心设计和思量。

杰瑞·宋飞认为，幽默并不意味着滑稽，你只要用心地准备演讲，使其具有趣味性就可以了。

爱因斯坦在提出相对论后一度成为风云人物。他被很多人要求参加演讲，为此，他深受困扰。

爱因斯坦的司机理查是个风趣的美国人，每次，当他看到疲惫的爱因斯坦，都有所感触，一次，他对爱因斯坦提出建议："您实在太辛苦了，每次说同样的内容肯定都烦了，现在我都听得倒背如流了，要不下次我穿您的衣服，来代您演讲直到被发现为止，可以吗？"理查风趣地说。

"妙啊，反正认识我本人的人也不多。"同样富有风趣的爱因斯坦回答道。

果然，此后爱因斯坦的演说由理查代劳，并且，理查并没有出任何差错，台下的观众也没有识破。

有一天，演讲结束后，理查准备下台，突然一位教授模样的先生站起来，像发连珠炮似的提出许多问题。爱因斯坦心中担忧，但他表情上还是若无其事。假的爱因斯坦却轻松地对那位教授说："您的问题总是很简单，连我的司机都能为您回答……喂，理查，你上来帮我作些说明吧！"两人巧渡难关，给后人留下了永久难忘的回忆。

看完这一故事之后，我们先不讨论爱因斯坦及他的司机的做法是否合理，但我们还是不免为这位司机的睿智而感到惊叹，他的幽默让他轻松度过了演讲中遇到的问题，并丝毫没有露出破绽。

有一次林语堂在美国哥伦比亚大学讲授中国文化课，对中国文化大加赞誉。一位女学生不服气地发问："林博士，你是说，什么东西都是你们中国的好，难道我们美国没有一样东西比得上中国的吗？"

这是一个不好回答的问题，如果演讲者反过来赞扬美国，不利于演说的主题；如果严肃地表示美国不如中国，会引起在座学生的敌意。

林语堂只是轻松地回答："有的，你们美国的抽水马桶就比中国的好嘛。"

他的话引起哄堂大笑，气氛活跃而和谐，发问者对这一回答也无话可说。

的确，演讲过程中，演讲者会经常遇到听众有不同意见、听众遇到需要请教的问题等情况，对此，决不可对其置之不理或者不予处理，否则，后面的演讲将难以顺利进行。

英国文学家查尔斯·兰姆在一次演讲时遇到有人故意发出

"嘘嘘"的怪声捣乱，兰姆说："据我所知，只有三种东西会发出这种声音——姬、鸶鸟和傻子，你们几位能到台前来，让我认识一下吗？"

兰姆运用婉曲法，含蓄地表达了自己的意思，令捣乱者尴尬不已。

有时演讲者还会碰到恶意的攻击或咒骂，如果演讲者勃然大怒或与之对骂，将损害演讲人的形象，使捣乱者的预谋得逞。

英国首相威尔逊有一次在民众大会上演讲，遇到一些激烈的抗议，一名抗议者高声骂道："垃圾！"威尔逊镇定地说："先生，关于你特别关心的问题，我们等一会就讨论。"

他巧妙地将抗议者的谩骂转为现实生活中需要解决的一个问题，为自己解了围，并使会场气氛松弛下来。他的被动处境摆脱了。

上个世纪30年代，在美国的一次众议院大会上，美国政界要人凯升进行了一次演说，这是他的第一次演说，来参加这次大会时，他穿得比较土气，演讲时，一位议员插嘴说："这位伊利诺伊州来的人，口袋里一定装满了麦子呢！"众人听了哄堂大笑。

此时，凯升并没有生气，而是不慌不忙地说："是的，不过，不仅我的口袋里装满了麦子，而且头发里还藏着许多菜子呢。我们西部人，大部分都很土，土头土脑的。"他的自嘲式的坦率赢得了大家的好感和敬意，接着，他大声说："不过我们藏的虽是麦子和菜子，却能长出很好的苗子来！"

这段平实且不卑不亢的演说折服了众人，凯升的演说成功了。

这里，面对这位议员的嘲笑，凯升并没有与之辩论，而是采取"以子之矛攻子之盾"的方法，开了一个自己的玩笑，轻松地反驳了他人犀利的言辞。

总之，在演讲遇到尴尬境况时，恰当的幽默可以使你做到反客为之，顿时变得轻松起来。你如果已经娴熟地掌握了幽默技巧，那么，在演讲中插入一些妙趣横生的内容，往往比振振有词的套语更能起到反击他人的作用！

第 12 章

清醒演讲，TED 演讲中这些错误要避开

我们都知道，公共场合发表演讲，有三个构成因素：演讲者自身、讲话内容，以及听众，缺一不可。前面，我们已经分析过很多TED演讲者的演讲技巧，的确，演讲并不是毫无章法的，但事实上，即便很多人已经掌握了这些技巧，依然会在演讲中犯一些常见错误，那么，这些错误有哪些呢？又该如何避免呢，接下来，我们在本章中细细分析。

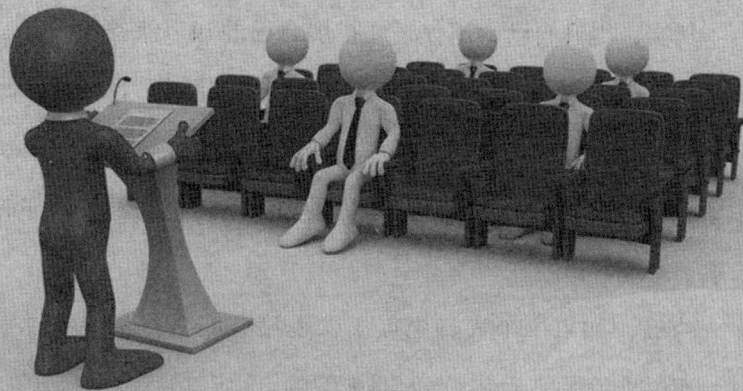

胸无点墨，素材不足

对于任何演说者来说，参与演讲，都希望自己能口绽莲花，然而讲话素材从哪里来呢？这就需要在平时就储备"粮草"，否则，未经准备就出现在听众面前，难免会惊慌失措，心中发慌。古人说"腹有诗书气自华"，也正是这个道理。没有知识修养的人，无论有着多么高的社会地位，在讲话之中都会留下笑柄。

事实上，任何一个TED演讲者都认识到了这一点，并且，他们不但是某一领域内的顶尖人才或专家，也是博学多才的学习者。竞争越来越激烈的市场中，全方位提升自己，不仅能在竞争中给自己提供优势，更是一个演说者必备的素质。

其实，提升自己，不仅是要扩展自己的知识储备和阅历，还要从生活中累积，为此，TED演讲者给出建议：我们可以回忆一下，什么样的趣闻、故事、看法或见解曾让你或你的同事印象深刻。如果这些素材适用于你的演讲，请把它们编入你的故事，并练习讲述它。

的确，如果一个人胸无点墨，也没有准备充足的演说素材，演说难免平平无奇，甚至是失败的。

民国时期的军阀韩复榘，是一个胸无点墨的人，在担任山东省政府主席期间，因为缺乏知识而经常闹出笑话。

一次，他应邀参加齐鲁大学的校庆典礼，在典礼上，他被邀上台演讲，在演讲台上，他说了这样一番话：

他这样说道："大学生、二学生、三学生们：今天是什么天气？今天是演讲的天气。开会的人来齐了没有？没来的请举手！很好，都到齐了，你们来得很茂盛，敝人也实在感冒……今天兄弟召集大家，来训一训，兄弟有说得不对的地方，大家应互相谅解，因为兄弟和大家比不了。你们是文化人，你们这些乌合之众，是学科学的、学化学的，都懂七、八国的英文，兄弟我是个大老粗，连中国的英文也不懂……你们是从笔筒里钻出来，今天到这里来讲话，真使我蓬荜生辉，感恩戴德。对你们讲话是没有资格的，就像是对牛弹琴。"

这样一番话说完后，台下的学生已经是捧腹大笑，不过，他却好像不以为意，反而继续说："今天我主要是讲蒋委员长的三个纲目，蒋委员长在提倡新生活运动，兄弟我自然是要举双手赞成的，但是有一点我就闹不明白，'行人靠右边走'，那么，留着左边的路给谁走呀？还有一件事，让兄弟感到很气愤，北平东交民巷有很多洋鬼子的大使馆，却偏偏没有我们中国的，在中国的地方竟然没有中国的大使馆，岂不是表明我们中国太软弱了吗？因此，我就向蒋委员长建议建一座中国的大

使馆出来。"

接下来又提到了齐鲁大学的办学条件，他说："现在我们大学的条件未免也太艰苦了，大夏天的，我经常看到十几个学生穿着裤衩在抢一个篮球，实在是太不雅观了，我们虽然穷，但是几个球还是有的，明天就让财政厅给你们送一笔钱来，多买几个球，一人一个岂不更好，免得为了争一个球而伤了大家的和气！"

等到韩复榘讲话完毕，前呼后拥退出主席台后，全校学生忍不住开怀大笑。

韩复榘本来想通过这场讲话来塑造一个亲民的形象，也想向学生表现一下自己的学识和思想，最终却因为胸无点墨而闹出了大笑话。

因此，我们要想在演讲时有话可说，就要注重平时积累素材，要做到每天为自己充电，对于所见所闻要观察，思考表面和内在的东西，从中提炼思考能力和概括能力，并以此来作为提升自己的一个有效途径。否则的话，演讲时总会感到空洞而又不着边际，一些道听途说的故事和词语也会用错位置，让别人对皱起眉头，甚至转身离开。

俗话说，十年培养一个富翁，百年的时间才能够培养出来一个贵族。要想成为一个演说高手，并不是轻易之间就能达到的，它需要经过个人长期不懈的努力才能够形成，应该从平常的一点一滴积累做起。具体怎么做呢？我们不妨从以下几个方面来入手：

1.平时多阅读和学习，注重知识积累

从很大的程度上来讲，口才是满腹经纶、博古通今等词的另一种称谓。拥有了丰富的知识，在和别人的谈话中就不会因为无知而自卑，谈吐间就会很自然地引经据典，旁征博引，所表达的内容也会十分的高雅。假如胸无点墨，在陌生人面前也好，老朋友面前也罢，只有闷头静听的份，那么就会让自己的分量显得很轻，也就无法得到别人的关注。因此，在日常的生活中，要多注意阅读，注重知识的积累，看一些历史、哲学、文学、政治、美学之类的书，提高一下个人的修养，让自己达到"腹有诗书气自华"的境界。当你有了充足的知识储备之后，就会有充分地底气站在别人面前进行较高层次的谈论了。

2.关注生活，提升自己的眼界和阅历

缺乏生活积累和阅历的人，对社会和现实的了解也会十分肤浅。如果生活在封闭的圈子当中，就会孤陋寡闻，与世界隔绝，也会和周围的人以及环境失去联系。一个没有生活积累的人和别人说话的时候往往会因为所谈话题与社会现实脱节而让人感到枯燥无味，对他也失去了兴趣。

俗话说："厚积薄发"，一个人收缩自如的演说能力绝不仅仅是技巧性的问题，而是在经过了对生活的思考、学习和研

究才有的结果。我们要想成为一个会在公共场合演讲的人，不仅要有敏锐的观察能力和思考能力、掌握一定的说话技巧，还要全面提升自身的文化修养。只有有了底蕴，才能够说出一些典雅的话语来。正所谓"内有底蕴才能话语生香"。

准备不足，缺乏说服力

生活中，人们常说："没有调查就没有发言权"，的确，在公共场合演讲更是如此，我们对听众的每一句话，都应该经得起推敲，都应该是权威的。当然，我们也知道，说话是一门艺术，但这并不等于演讲可以信口开河，事实上，演讲的目的就是让听众信服，而如果你希望自己说出的话事言之有物，我们就要做到开口前做好准备工作，不能瞎编和乱说一气。

为此，TED演讲者建议，在明确你要说的主题后，在主题的指导下，你要做一些有针对性的调查工作，这样不仅能帮助你找到所要用的演讲材料，最重要的是，你还能了解讲话的场景、听众、背景等方面的信息，这有助于选择适宜的讲话方式，改进讲话效果。

在钱钟书先生的小说《围城》中，有个主人公叫方鸿渐，他留洋回国后，当地的一所学校请他去做一次演讲，然而，他在外国这些年并没有学到多少知识，只是挂个留学生的虚名而已，但是却因为面子问题而不好推辞。

在演说的头一天晚上，他准备查找一些资料的，但看着看着却睡着了，于是，第二天演讲他只好硬着头皮走上了讲台，为了应付，便大谈自己熟悉的有关鸦片与妓女的话题，弄得在场的人都很尴尬，他自己也因此而臭名远扬。

这里，方鸿渐为什么出尽了洋相？很明显是准备不充分，不但没有做好充分的调查工作，甚至连基本的主题都没有确定，临时发挥时只好胡说一气。

我们再来看下面一个领导者是怎样说话的：

最近，某网络公司空降了一名财务总监，他叫约翰，新官上任三把火，来公司的第一个月，他就决定做出一点成绩。这不，公司领导让他为员工们做一次演讲。

那么，该怎样确定说话的主题呢？想来想去，他还是决定谈自己的老本行。于是，他决定对公司的账目进行一次大审查。经过调查，约翰发现，这一年来，居然根本没有盈利。到底是哪里出了问题？

他找来财务人员才知道，原来一直以来，他忽视了一个问题，网络公司在网站维护上的成本投入太多。而造成这一问题的又在于公司这一方面人员的多余，很多工作，同一个员工就可以解决，但却安置了太多的闲余人员。

在找到这些原因后，约翰就知道该怎样展开故事了，在大会上，他这样说："我曾经在一家公司工作，这家公司因为颠倒了公司的主要任务……"约翰所说的这家公司就是当前这家公司，在场的很多人很快意识到了问题。

在故事讲完以后，他还提出了一些更细致的解决方案，比如，公司员工的奖金制度应该加以调整并细化；员工的考勤制度也应该明确化……

公司的高层领导对约翰的演讲表现很满意，并采取了他的方案，在经过一系列的调整后，第二年的第一个月，这家公司就呈现出一片大好的发展趋势。

与第一个案例中的方鸿渐的做法不同，财务总监约翰为公司大会上的演讲进行了全方位的调查，找到了公司的财务问题，并在演讲中提出了具体的措施，自然会赢得领导的认同。

的确，我们需要明白，你的听众都有自己的想法，都是理智的，如果你希望听众能接受你的想法和观点，最好让你的演讲更有说服力，其他说话的材料最好也要经得起推敲。

具体来说，你需要做到：

1.根据讲话题材收集材料

一个观点，你要想说清楚、透彻，一件事情，要想说得可信，你都必须对有关事实进行调查研究，掌握充分的事实材料。这些事实材料，不但使得你的讲话内容有保证，还能增强你在说话时候的底气，而如果你不准备材料，或者缺少材料，那么，说话时你只能勉强说，甚至根本不知从何说起，这样，你自己说得痛苦，听众也听得无趣。

2.场景与听众情况调查

不同的听众，他们的文化背景、品位、修养都是不同的，感兴趣的话题也会不同，因此，在你说话前，最好先收集一些关于听众的资料，以确定自己的演讲主题和说话风格以及所需要的材料。

总的来说，演讲必须是能让听众信服的，能起到点明主题的作用。另外，还需要领导者就说话主题列举出一些有说服力的证据，通过论证的方式，将各种方案的优劣、长短逐一比较分析，而这，都需要你做好资料收集和调查工作。

重复啰唆，长篇大论

在现实的演讲中，我们发现，不少人说话都有一个明显的弊病，那就是非常啰唆，他们把一些极为简单的问题复杂化。本来可以三言两语就能说清楚的问题，非要重复无数遍，结果越说越离谱，自己也搞不懂在说什么。

这些人之所以喜欢长篇大论，是因为他们认为，语言越

多，越是能打动听众，其实不然，说的越多，出错的可能性就越大，事实上，那些真正的演说大师演讲时都不会打持久战，而是采取简短有力的演讲方式。

从另一个方面说，现代社会，人们的时间观念都很强，没有人愿意花费太多的时间来听你的长篇大论。所以，我们在说话的时候，切忌绕圈子，而是把话说到点子上。有话则说，长话短说，无话不说，这样才更准确传达你的思想。

对于这一点，每个曾在TED大会上参加演讲的人都深有感触，因为TED演讲的时限是18分钟，记住，有约束的演讲才更具创造力，如何能在18分钟之内将自己的思想分享给在座的听众，考验演讲者的演讲水平。为此，他们在演讲前都会做大量的资料收集和准备工作，并凝练自己的语言，不多说一句多余的话。

1863年7月1日，对于美国人民来说是个非常有意义的日子，因为这天在美国发生了一件惊天动地的事，美国南北战争在华盛顿附近的葛底斯堡打响了。三天激战后，北方部分大获全胜。

战后，美国的宾西法利亚等几个州商讨决定把战争中逝去的烈士合葬在国家烈士公墓。

公墓在1863年11月19日举行落成典礼，美国总统林肯也就理所应当地被邀请前去。除了林肯之外，演讲者还有美国的前国务卿埃弗雷特，而林肯只是因为总统的身份，才被邀请在埃弗雷特之后讲几句形式上的话。这种情况下，林肯非常清楚自己的处境，在他前面演说的是在美国历史上最有演说能力的人。而林肯如果说不好的话，无疑就会被在场的人笑话，会使得自己总统的颜面尽失。

在典礼上，埃弗雷特那长达两个小时的演讲，洋洋洒洒，确实非常精彩，也获得了听众的掌声。令人意想不到的是，林肯的演说居然只有十分钟，而就这十分钟的演讲，不仅仅是赢得了当时在场的一万多名听证的热烈欢迎，而且还在全国引起了轰动。

当时有报纸评论说："这篇短小精悍的演说简直就是无价之宝，感情深厚，思想集中，措辞精炼，字字句句都很朴实、优雅，行文毫无瑕疵，完全出乎人们的意料。"就连埃弗雷特本人第二天也写信给林肯："我用了两个小时总算接触到了你所阐明的那个中心思想，而你只用了十分钟就说得明明白白。"林肯这次出色的演讲的手稿被收藏到了图书馆，演讲词被铸成金文，存入了牛津大学，作为英语演讲的最高典范。

林肯在这次演讲中靠什么取胜？那就是简洁的演讲，他那简短有力的演讲比长达两个小时的精彩演讲更深入人心。很多时候，言简意赅的讲话比那些长篇大论更容易被人们所接受，所谓"浓缩的就是精华"，因为简洁，所以它所阐明的思想会

更有深度；因为简洁，它所表达的意思更加清晰；因为简洁，它所彰显的内容会更有力度。

同样，演讲中，我们要想自己的讲话获得较好的效果，就必须讲究语言的简洁、精炼，这样才能使听众在较短的时间里获取更多有用的信息。反之，如果你只是空话连篇，言之无物，那么无疑是浪费时间。在很多时候，我们哪怕只讲了一句话，也能获得满堂的掌声，而有的人讲了整整一个小时，却落个稀稀拉拉的掌声，这就是语言是否简洁的效果。

那么，我们该如何在演讲中力求简洁呢？

1.开门见山，快速入题

演讲中，如果我们想尽快将听众拉入到你所说的演讲中、想让听众进入状态，就必须要选对入题方式，既要"开门见山，一针见血"，这就是"快"；又要有逻辑上的悬念、起伏和跌宕。

这里，强调入题要快，并不是说所有入题都以"开门见山"这样"直"的方式为佳。其实，有时候入题更需要讲求一定的曲折和委婉，尤其要讲求一点逻辑悬念，方才有利于入题的引人入胜。因此，有时候，你不妨在言辞上多下点功夫，用悬念抓住听众心理，引起他们的注意和重视。

2.语言简洁，拒绝繁复

演讲的目的是为了传达意见，而不是唠家常，所以，演讲应该语言简练，太过烦琐的语言会让你所表达的意思不够准确，也会占用听众更多的时间，结果就是你既没有讲明白你的意思，下面的人也是有苦说不出，强忍着听下去。简洁的几句话显得更有力度，也更容易被听众所接受。

3.把话说到点子上

相传，墨子的学生曾经问墨子："话是说得多好，还是说得少好？"墨子说："你看田里的青蛙，整天叫个不停，却没有人理会它，而公鸡每天只在天快要亮的时候，才叫一两下，人们都很注意它。可见，话不在说得多而在说得有用。"

4.观点鲜明

我们在选用开门见山这一开场方式时，就要观点鲜明。演讲观点鲜明，显示着我们对一种理性认识的肯定，显示着我们对客观事物见解的透彻程度，能给人以可信性和可靠感。演讲稿观点不鲜明，就缺乏说服力，就失去了演讲的作用。

总之，在演讲中，我们陈述观点传递信息的时候，要让所说的话有力度，能够让人听得进去，才是好的说话方式。我们讲话一定要做到一针见血、言简意赅，这样才能让听众们明白你到底说的是什么。

身心紧张，发挥失常

我们任何人都明白，一个人要想在公共场合做好演讲，就要自信满满，而恐惧是良好表达的天敌，一个人在"不敢说"的前提下是"说不好"的，唯有卸下恐惧的包袱，在语言中注入自信的力量，你才能成为一个敢于表达的人。

事实上，不少人演说失败就是因为无法处理自己的紧张情绪，一到演讲前，就像如临大敌一样心惊胆颤，有着诸多的这样那样的担心，比如，在讲话过程中总是设想自己会犯语法错误，或总担心自己讲着讲着会突然地停顿下来，讲不下去了，这就是一种反面的假想，它很可能会抹煞我们对演讲的信心。这就是人们常说的"演讲恐惧症"，属于恐惧症的一种，其实我们对某一件事情越是过分注重，我们就越容易焦虑和紧张，行为之上就是越放不开手脚，反映在身体之上就是心跳加快、手脚发抖、说话嗑巴，大脑空白等等，其实，有这些身心表现都是很正常的。即便是那些TED演讲大师也都经历过，只不过他们更善于调整自己的情绪。

TED演讲大师给出建议：对于那些初次登台的演讲者或内心紧张的演讲者，要想放松自己，在开始演讲前，最重要就是要把注意力从自己身上移开，为此，你可以在演讲前做一些放松身心的活动。

　　的确，演讲中，要想有效地表达自己的意思，首先要学会自我放松，放松了才能自如。那怎样才能放松呢？

　　我们不妨先来看下面的故事：

　　甜甜是一名大一新生，她是全年级新生成绩最好的学生，作为学生代表，学校希望她能为大一新生做一次讲话。在知道了这一消息后，甜甜坐立不安，因为虽然她成绩优异，但却从没有在众人面前演讲过，以前学校老师也推荐她登台表演或者讲话，但是每次她都推脱了。

　　这天晚上，甜甜准备在网上找一些资料来组织演讲内容，巧的是，她遇到了大自己一届的学姐，学姐也是"学霸级人物"，甜甜心想，可以问学姐一些关于演讲的问题。

　　切入正题后，甜甜问："学姐，我听说你以前也经常在全校师生面前演讲，你不紧张吗？"

　　"紧张啊，在所难免的。"

　　"那你是怎么克服的呢？我下周也要进行一次演讲，现在还处于担惊受怕中。"

　　"其实不用害怕，我有个方法，是我从那些演讲大师那儿学来的，你走上演讲台后，可以暗示自己，台下这些人都欠了你的钱，用一种俯视一切的心理，就没有什么好怕的了，实在不行，你可以把台下的人都当成空气，假设他们不存在，那还有什么好担心的呢？"

"学姐，你说得对，这应该是个不错的方法。"

按照学姐的方法，演讲时，甜甜发现自己真的不是那么紧张了，演讲结束，当她听到一阵阵掌声时，她知道自己人生的第一次演讲成功了。

对于很多的演讲者尤其是初次演讲者，可能都有故事中甜甜的这种担忧，害怕自己没讲好话，演讲时紧张得甚至说不出来话等。其实，面对这种情况，你可以采取和甜甜一样的方法，以"居高临下"的心态对待听众，恐惧感将无所遁形。

这里，经验丰富者为我们分享了几个有用的方法：

1.均衡运动，活动一下身体的一些大关节和肌肉

均衡运动是指有意识地让身体某一部分肌肉有规律地紧张和放松。比如我们可以先握紧拳头，然后松开；也可以固定脚掌，作压腿，然后放松。作肌力均衡运动的目的在于让你某部分肌肉紧张一段时间，然后你便不仅能更好地放松那部分肌肉，而且能更好地放松整个身心。你需要注意的是，做的时候速度要均匀缓慢，动作不需要有一定的格式，只要感到关节放开，肌肉松弛就行了。

2.深呼吸

采用呼吸调节法可以消除杂念和干扰。当自我感觉十分紧张时，有意识控制自己的情绪。

　　具体做法是，脚撑地，两臂自然下垂，闭合双眼，把注意力集中在呼吸上，静听空气流入、流出时发出的微弱声音。然后，以吸气的方式连续从1数到10，每次吸气时，注意绷紧身体，在头脑中反应出数字，在呼气时说"放松"，并在头脑中再现"放松"这个词，这样连续数下去。注意节奏放慢，让身体尽量松弛，直到感觉到镇静为止。你也可以在平时有意识地训练自己放松，这样，在演讲时候出现紧张心理时，就更容易调控。

　　3.闭上眼睛，着意去想象一些恬静美好的景物

　　如蓝色的海水、金黄色的沙滩、朵朵白云、高山流水等。

　　4.收集笑话，建立自己的"开心金库"

　　就是平时多收集一些笑话，在上台前想一想最好笑的，让自己开心起来。经研究，笑能很快使神经放松。

　　小王是一名企业培训讲师，她的主要工作内容就是为企业培训人才，为此，她自然免不了要经常在众人面前说话。对于自己的工作虽然已经十分熟悉，对于那些演说词，可以说，小王甚至已经能背下来了，但是每次演讲前，她还是莫名地紧张。这几年，小王逐渐摸索出了能帮助自己减轻紧张感的方法：平时没事的时候，她会在网上搜集一些小笑话，然后存在自己的手机里，到演讲前，她就拿出来看，那些小笑话能让小王开怀大笑，而那些对于演讲的不安也就顿时不存在了。

和故事中的小王相同，即便那些演讲大师，在演讲前也会紧张，只是他们都有属于自己的调节方法，小王使用的就是幽默放松法。

5.演讲前要注意把注意力从自己身上移开

在考试时，老师会给出一些建议：对于那些不会做的题目，可以先转移注意力，减少焦虑，回避这个一时解答不了或暂时回忆不起来的问题，当其他问题解答完之后再回过头来"重新"思考回避的问题。这种做法可以使优势兴奋中心得以转移。

同样，演讲前，你也可以休息片刻或者活动一下四肢、头部，来调节中枢神经系统，从而使抑制状态得到缓解。也可以积极听取主办人和听众的意见，或是集中精力听别的讲演者说些什么，以便把注意力放在他们身上，避免不必要的登台恐惧感。

你甚至也可以将注意力集中到一些日常物品上。比如，看着一朵花、一点烛光或任何一件柔和美好的东西，细心观察它的细微之处。点燃一些香料，微微吸它散发的芳香。

当然，要想真正消除演讲中的紧张心理，从根本上来说还是要你降低对自己的要求。一个人如果十分争强好胜，事事都力求完善，事事都要争先，自然就会经常感觉到时间紧迫，匆匆忙忙。而如果能够认清自己能力和精力的限制，放低对于自己的要求，凡事从长远和整体考虑，不过分在乎一时一地的得失，不过分在乎别人对自己的看法和评价，自然就会使心境松弛一些。

如果在准备充足的情况下，你还是会产生紧张情绪，那么，掌握一些放松自我的技巧可以让我们"应急"！

晦涩难懂，听众云里雾里

我们都知道，很多演讲也要达到的重要目的之一就是让听众深刻领会。一些演讲者认为，越是运用高深的理论知识，越是晦涩难懂的演讲语言，越是能体现自己的知识水准和演讲口才，越是能将自己与听众在知识层次上划分，而实际上，这无异于唱独角戏而得不到听众的响应，也失去了我们最初讲话的本意。而越是高明的演讲者，越是懂得深入浅出的道理，他们能在轻松愉快的氛围与简洁通俗的语言中把自己的本意传达给听众，达到自己的讲话目的。

事实上，能站在TED讲台上的人，都是某一领域内的专业人士，但是他们并没有用最为专业的语言演讲，因为他们知道，台下的听众都是普通人，对一些特殊行业都未必有了解。所以，如果你不顾听众的感受而高谈阔论、总是用专业性字句来谈论的话，也许你正兴致勃勃，听众却是一头雾水、不知所云。

前面，我们提到机器人研究所的教授克里斯·厄姆森教授曾于2015年在TED大会上发表的关于汽车"无人驾驶"的演讲。

在演讲开始，他就说："现在，传统观点认为，我们应该使用驾驶员辅助系统，然后不停地改进它们，总有一天，它们能实现自我驾驶，其实，我今天到这里就是想告诉在座的各位，这就跟如果我努力练习弹跳，有天就能飞翔一样不现实。我们需要做点不同的东西。"

这里，克里斯·厄姆森教授在向听众解释"自我驾驶不可能完全实现"时，并没有说晦涩难懂的无人驾驶知识，而是用"弹跳不能实现飞翔"这一人人熟知的道理来类比，自然更清晰易懂。

现在，也许你会问，该如何避免这样的情况呢？

你在读过了前任印第安纳州参议员毕佛里吉的建议后，大概就知道了：

"最好的方法，就是假设在台下的听众中，有个人是最不聪明的，只要你让他听懂了你要说的，那么，其他人也就听懂了，那么，你只能用最为浅显的语言来说明了，只有这样，你才能做到这一点。还有一个更好的方法，就是假设你的对象是那些孩子。

"然后，你在心里对自己说：也许你可以大声地向你的听众讲明白，假如你喜欢的话，这样会让你的话更明白，那些小孩子也能听得懂，并且还能向其他人复述。"

可见，无论如何，无论什么目的的演说，还是由简入繁最好，因为讲者和听者之间总是会有一道桥梁，每个人能接受的语言水平也是不一的。作为演讲者，只要做到深入浅出，将你要传达的思想以简洁的语言传达给听者，才能真正让听众心领神会。

那么，我们该如何避免演讲内容难度太大的问题呢？

1.说话平实、生动形象

举个很简单的例子，形容一个人胖，如果你只说此人很胖，实在很胖，那么，一点说服力也没有。而如果你说成，"此人体型宽大，我估计摔倒了都不知从哪头扭。"这样就更容易给人一种形象感。契诃夫在描写胖子的时候，语言更为奇妙："这个胖子胖得脸上的皮肤都不够用了。要张开嘴笑的时候，眼睛就要闭上，而要睁开眼睛看的时候，就得把嘴巴闭上。"

2.注重语言积累，将晦涩难懂的语言通俗化

能将晦涩难懂的语言通俗化，不仅需要我们的嘴上功夫，更需要平时的积累。因此，必须注重知识的积累，语言的积

累，经验的积累。茶壶里有饺子才能倒得出来，有深厚的积累和扎实的根底才能做到言之有物，言之有据，言之有理，言之有效。心虚气短、心浮气躁的人是无论如何也讲不到"点子"上的。

3.充满热忱，带动听众的热情

2000年前，有一位拉丁诗人曾说："如果你想引出别人的眼泪，必须自己先悲感起来。"的确，感情是形于内而发于外的东西，如果你自己做不到感情饱满，那么，自然感染不了听众，反而让人感到虚假、做作。也就是说，要想感染别人，最根本的是使自己先进入情绪，进入状态，用心感知。

前面，我们已经提及过，我们所学习的TED演讲者们，都是在用自己的热情在演讲，他具有超常的爆发力，常常让演讲跌宕起伏，听众掌声不断。

一个诚恳的演讲者，不怕缺乏知识；一篇能够说服听众的演讲，能够把自己的心与听众的心融合为一，而不是单单把自己的记忆移入对方的记忆。演讲者要欺骗听众比欺骗自己都更难。"

4.日常生活中善思考

人是思考的动物。善思考，才能出观点、出新意。不思考，就会人云亦云，没有真知灼见；就会老生常谈，提不出新思路、新见解。同样，演讲过程中，如果你多加思考，那么，那些生硬的问题，自然就能找到通俗易懂的表达方式。

　　因此，我们在日常工作生活中，应努力养成独立思考和多积累演讲语言的好习惯。这样，才能富有思想性和创造性，才能在演讲中做到厚积薄发、深入浅出。

　　可能我们都希望自己在演说的时候能妙语连珠，这也是演讲大师制胜的法宝，是我们讲出魅力的根基。但演说语言的深入浅出，并不与此相违背。事实上，这恰好正体现了一个人的口才，因为任何语言艺术的运用，只有在让听者接受的前提下才称之为发挥效用。

参考文献

[1]加洛. 像TED一样演讲[M]. 宋瑞琴，刘迎，译. 北京：中信出版社，2015.

[2]刘金来. TED演讲的技巧[M]. 北京：中国纺织出版社，2018.

[2]袁丹. 跟着TED演讲学英语[M]. 北京：中国纺织出版社，2018.

[4]阿卡什·P.卡里亚. TED说话的力量[M]. 天津：天津人民出版社，2019.